Datenorganisation und Datenbanken

Lizenz zum Wissen.

Sichern Sie sich umfassendes Technikwissen mit Sofortzugriff auf tausende Fachbücher und Fachzeitschriften aus den Bereichen: Automobiltechnik, Maschinenbau, Energie + Umwelt, E-Technik, Informatik + IT und Bauwesen.

Exklusiv für Leser von Springer-Fachbüchern: Testen Sie Springer für Professionals 30 Tage unverbindlich. Nutzen Sie dazu im Bestellverlauf Ihren persönlichen Aktionscode C0005406 auf *www.springerprofessional.de/buchaktion/*

Jetzt
30 Tage
testen!

Springer für Professionals.
Digitale Fachbibliothek. Themen-Scout. Knowledge-Manager.

- Zugriff auf tausende von Fachbüchern und Fachzeitschriften
- Selektion, Komprimierung und Verknüpfung relevanter Themen durch Fachredaktionen
- Tools zur persönlichen Wissensorganisation und Vernetzung

www.entschieden-intelligenter.de

Springer für Professionals    Springer

Frank Herrmann

Datenorganisation und Datenbanken

Praxisorientierte Übungen
mit MS Access 2016

Frank Herrmann
Hochschule für Wirtschaft und Umwelt
Nürtingen-Geislingen
Nürtingen, Deutschland

ISBN 978-3-658-21330-5   ISBN 978-3-658-21331-2 (eBook)
https://doi.org/10.1007/978-3-658-21331-2

Die Deutsche Nationalbibliothek verzeichnet diese Publikation in der Deutschen Nationalbibliografie; detaillierte bibliografische Daten sind im Internet über http://dnb.d-nb.de abrufbar.

Springer Vieweg
© Springer Fachmedien Wiesbaden GmbH, ein Teil von Springer Nature 2018
Springer Vieweg ist ein Imprint der eingetragenen Gesellschaft Springer Fachmedien Wiesbaden GmbH und ist ein Teil von Springer Nature.
Die Anschrift der Gesellschaft ist: Abraham-Lincoln-Str. 46, 65189 Wiesbaden, Germany

Vorwort

Informationen lassen sich als Rohstoff des Informationszeitalters bezeichnen, in dem wir heute leben. Dabei spielen Datenbanksysteme zur Verwaltung der Inhalte eine zentrale Rolle. Das Fach „Datenbanken" hat sich daher zu einer Kerndisziplin der Informatik und Wirtschaftsinformatik etabliert und fließt darüber hinaus auch immer stärker in die Ausbildung kaufmännischer Berufe mit ein.

Das Buch „Datenorganisation und Datenbanken" ist eine Einführung in das Fachwissen im Bereich Datenbanken. Grundlegende Fakten und Zusammenhänge werden in kompakter und übersichtlicher Form dargestellt. Alle wichtigen Begriffe sind darüber hinaus in einem Stichwortverzeichnis zu finden.

Im Lehrbuch werden wichtige theoretische Grundlagen von Datenbanken und die Umsetzung mit dem Datenbankmanagementsystem Microsoft Access behandelt. Dabei wird auf einzelne Themen ein besonderer Fokus gelegt: Insbesondere der Datenbanksprache SQL wird ein breiter Raum eingeräumt.

Das Buch ist in sechs Kapitel gegliedert. Die Kap. 1 bis 5 dienen vor allem dem Einstieg in das Gebiet Datenbanken und beinhalten Grundlagenwissen über den Datenbankentwurf und die Entwicklung von Datenbankanwendungen. Im Kap. 3 wird mit dem Precised ERM ein eigenes, einfaches, aber genaues Modell für die Erstellung eines Datenbankentwurfs vorgestellt. Das Kap. 6 bezieht sich ausschließlich auf die Verwaltung von Datenbanken mit Microsoft Access und eignet sich vor allem für Datenbankbankanwender und Datenbankentwickler, die sich für eine einfache Einführung in Microsoft Access 2016 interessieren. Dabei müssen Sie keine großartigen Erfahrungen im Umgang mit Datenbanken oder gar Programmierkenntnisse mitbringen. Alles Notwendige wird Ihnen in diesem Buch vermittelt. Die Lösungen zu den Kap. 2 bis 5 sowie die Datenbankübungen und Datenbanklösungen zum Kap. 6 können Sie sich auf der Homepage von Springer unter springer.com herunterladen.

Die Idee des Buches besteht darin, neben allgemeingültigen Konzepten zur Erstellung von Datenbanken auch spezifisches Produktwissen zu Microsoft Access zu vermitteln. Aufgrund der weitestgehenden Standardisierung der Datenbanksprache SQL bildet das im Buch präsentierte Wissen auch eine solide Grundlage zum Verständnis anderer herstellerspezifischer Systeme.

Das Buch „Datenbanken mit Microsoft Access" schafft damit inhaltlich den Spagat zwischen den Zielgruppen der Einsteiger und den Fortgeschrittenen im Themenfeld. Sie können damit gleichzeitig weite Bereiche der Datenbank automatisiert per Assistent erstellen lassen und trotzdem professionelle Anwendungen erzeugen. Daher eignet sich das Buch sowohl als Einstieg für Schüler und Studierende aus den Bereichen Wirtschaft, Betriebswirtschaft und Wirtschaftsinformatik, die sich mit Datenbanken und Microsoft Access beschäftigen, als auch für professionelle Datenbankanwender und Datenbankentwickler aus der Praxis, die mit Access arbeiten.

Als Autor möchte ich mich bei Herrn Marc Blondiau, Raphael Kromer und Marco Wahl für die Korrekturhinweise zu Kap. 5 bedanken. Mein besonderer Dank geht an Frau Dr. Sabine Kathke vom Springer Vieweg Verlag für die gute Betreuung und die angenehme Zusammenarbeit.

Ich hoffe, dass das Buch für den Leser zu einer wertvollen Hilfe bei der Einführung in Datenbanken mit Microsoft Access wird. Anregungen, Verbesserungsvorschläge oder Kritik werden jederzeit gern entgegengenommen.

Stuttgart, März 2018   Frank Herrmann

Inhaltsverzeichnis

Einführung

1

Zusammenfassung

Im ersten Kapitel wird zunächst die Problematik der betrieblichen Datenhaltung und der Informationsgewinnung an einfachen Beispielen dargestellt. Dabei wird ein Überblick über den Sinn und Zweck von Datenbanken und deren wesentliche Elemente gegeben.

1.1   Datenbanken

Ausgangspunkt bei der Erstellung und dem Entwurf einer Datenbank ist die Frage: Welche Informationen müssen denn für eine spätere Verarbeitung und Bereitstellung gespeichert werden? Dazu kann in einem einfachen Beispiel der Auftrag eines Kunden, der verschiedene Artikel bestellen möchte, betrachtet werden. Ein solches Auftragsformular sollte Informationen enthalten, die den Kunden eindeutig identifizieren, außerdem die einzelnen Auftragspositionen mit der Angabe der zu liefernden Artikel und ihrer Menge. Schließlich sollten noch Informationen vorhanden sein, die gerade diesen Auftrag von anderen Aufträgen desselben Kunden unterscheiden, zumindest also eine Auftragsnummer und ein Auftragsdatum. Da die Daten eines Auftrags logisch zusammengehören, könnte man nun in einem ersten Ansatz versuchen, alle diese Daten in einer einzigen Tabelle, wie sie zum Beispiel in einer Tabellenkalkulation verwendet wird, zu speichern. Diese beiden Möglichkeiten werden in der Abb. 1.1 dargestellt.

Die auf den ersten Blick übersichtlich erscheinende Darstellung in Mappe1 (linke Bildhälfte) hat den Nachteil, dass später hinzukommende Aufträge an ganz bestimmten Stellen eingefügt werden müssen, da nur durch die richtige Reihenfolge der Zeilen eine Zuordnung von Kunden, Aufträgen und Auftragspositionen möglich ist. Außerdem erschweren die leeren Felder am Anfang mancher Zeilen eine spätere maschinelle Auswertung der Daten ganz erheblich.

© Springer Fachmedien Wiesbaden GmbH, ein Teil von Springer Nature 2018   1
F. Herrmann, *Datenorganisation und Datenbanken*,
https://doi.org/10.1007/978-3-658-21331-2_1

Mappe1

	A Nachname	B Vorname	C Auftr-Nr	D Auftr-Datum	E Menge	F Artikel-Nummer
1	Nachname	Vorname	Auftr-Nr	Auftr-Datum	Menge	Artikel-Nummer
2	Bennstock	Moritz	5	06.01.96	1	REIF
3					2	BITT
4					2	INTE
5					1	KRÖN
6			118	10.05.96	2	HERZ
7					2	INTE
8					1	NORD
9					1	BITT
10	Dunker	Johannes	9	12.01.96	1	PAZI
11					2	NORD
12			33	16.02.96	2	PAZI
13					2	NORD
14					1	HERB
15					1	KRÖN
16			143	17.05.96	1	INTE
17					1	ROMA
18					2	SÜCR
19					1	HERB

H ◄ ► H \ **Tabelle2** / Tabelle3 /

Mappe2

	A Nachname	B Vorname	C Auftr-Nr	D Auftr-Datum	E Menge	F Artikel-Nummer
1	Nachname	Vorname	Auftr-Nr	Auftr-Datum	Menge	Artikel-Nummer
2	Bennstock	Moritz	5	06.01.96	1	REIF
3	Bennstock	Moritz	5	06.01.96	2	BITT
4	Bennstock	Moritz	5	06.01.96	2	INTE
5	Bennstock	Moritz	5	06.01.96	1	KRÖN
6	Bennstock	Moritz	118	10.05.96	2	HERZ
7	Bennstock	Moritz	118	10.05.96	2	INTE
8	Bennstock	Moritz	118	10.05.96	1	NORD
9	Bennstock	Moritz	118	10.05.96	1	BITT
10	Dunker	Johannes	9	12.01.96	1	PAZI
11	Dunker	Johannes	9	12.01.96	2	NORD
12	Dunker	Johannes	33	16.02.96	2	PAZI
13	Dunker	Johannes	33	16.02.96	2	NORD
14	Dunker	Johannes	33	16.02.96	1	HERB
15	Dunker	Johannes	33	16.02.96	1	KRÖN
16	Dunker	Johannes	143	17.05.96	1	INTE
17	Dunker	Johannes	143	17.05.96	1	ROMA
18	Dunker	Johannes	143	17.05.96	2	SÜCR
19	Dunker	Johannes	143	17.05.96	1	HERB

H ◄ ► H \ **Tabelle1 (2)** / Tabelle1 / Tabelle2 / Tabelle3 /

Abb. 1.1 Speicherung der Daten in jeweils einer Tabelle

Die Darstellung in Mappe2 beseitigt diese Nachteile. Eine spätere Auswertung ist hier sogar möglich, wenn die Reihenfolge der Zeilen beliebig ist. Somit könnten neu hinzukommende Daten jeweils am Ende der Tabelle angefügt werden. Dafür enthält diese Darstellung viele Informationen wie zum Beispiel den Vornamen des Kunden oder das Auftragsdatum mehrfach. Dies wird auch als Redundanz bezeichnet. Redundante Datenhaltung sollte jedoch vor allem deshalb vermieden werden, da spätere Änderungen solcher Daten dann ebenfalls mehrfach erfolgen müssen. Dies bedeutet zum einen Mehraufwand und stellt zum anderen wegen der möglichen Eingabefehler bei den Änderungen die Ursache für fehlerhafte Datenbestände dar.

1.2 Tabellen

Die Beseitigung aller Nachteile der Darstellungen in Mappe1 bzw. Mappe2 erreicht man durch das Verwenden mehrerer Tabellen, die in der Sprache des relationalen Datenmodells Relationen genannt werden. Um nun die richtigen Tabellen zu finden, die eine optimale Speicherung und spätere Verarbeitung und Auswertung gewährleisten, müssen zuerst in einem betrachteten Problemkreis (hier: Auftragsbearbeitung) die relevanten Objekte identifiziert werden. Solche Objekte können im betrieblichen Umfeld die Kunden, die Aufträge, die Artikel usw. sein. Die zu speichernden Informationen sind dann die Eigenschaften (Attribute) der Objekte, wie der Kundenname, das Auftragsdatum oder die Artikelbezeichnung. Wie die Abb. 1.2 zeigt, werden dann Tabellen gebildet, bei denen die Bezeichnungen der Eigenschaften die Spaltenüberschriften bilden und in den nachfolgenden Zeilen die Eigenschaftswerte für jeweils ein Objekt in einer Zeile gespeichert werden.

Um die Objekte eindeutig identifizieren zu können, muss ein Attribut vorhanden sein, von dem es keine zwei gleichen Attributwerte innerhalb einer Tabelle gibt. Dieses Attribut wird Primärschlüssel genannt. Zuweilen ergibt sich diese Eindeutigkeit erst durch die

Kd-Nr	Nachname	Vorname	Straße	PLZ	Ort
1	Hansmair	Rita	König-Edward-Pla	A-8020	Graz
3	Wojack	Albert	Westendstraße 9	D-12557	Berlin
4	Schmidt	Rebecca	Breinhölzer Allee	D-83395	Freilassin
5	Silbermann	Frank	Nordstraße 8	D-41236	Mönchen¢
6	Hart	Amanda	Innerer Ring 110-	A-1020	Wien
10	Linden	Bert	Kronprinz-Karl-All	A-8020	Graz
11	Kahn	Robert	Elmshorner Straß	D-41469	Neuss

Datensatz: 11 von 50

Auftr-Nr	Kd-Nr	Auftr-Datum	B
1	58	02.01.1996	
2	53	02.01.1996	
3	17	02.01.1996	
4	21	04.01.1996	
5	37	06.01.1996	
6	29	07.01.1996	
7	28	09.01.1996	

Datensatz: 5 von 406

Abb. 1.2 Aufteilung der Daten auf die Tabellen Kunden und Aufträge

Zusammenfassung mehrerer Attributwerte, die dann einen zusammengesetzten Schlüssel bilden. Da die in der realen Welt verwendeten Bezeichnungen von Objekten Duplizitäten nicht ausschließen können, werden zum Zweck der Identifizierung spezielle Attribute eingeführt, wie zum Beispiel die Kundennummer oder die Auftragsnummer.

Darüber hinaus muss bei den Objekten noch untersucht werden, in welcher Beziehung sie zueinander stehen. Beim Betrachten der Beziehung Kunden zu Aufträgen wird man feststellen, dass ein Kunde mehrere Aufträge erteilen kann, während umgekehrt jeder Auftrag nur zu einem Kunden gehört. Es handelt sich in diesem Fall um eine 1:N-Beziehung. Die Beziehung zwischen Kunden und Artikeln stellt eine M:N-Beziehung dar, da ein Kunde mehrere Artikel bestellen kann und umgekehrt ein Artikel von mehreren Kunden bestellt werden kann.

Diese Beziehungen werden datentechnisch dadurch hergestellt, dass Schlüsselattribute einer Tabelle A auch in einer Tabelle B zu finden sind. In der Abbildung findet man den Primärschlüssel der Kundentabelle auch in der Auftragstabelle. Hier wird das Attribut Kundennummer (Kd-Nr) als Fremdschlüssel bezeichnet und kann mehrfach mit demselben Wert vorkommen. Dies bedeutet, dass zu einem Kunden mit einer bestimmten Kundennummer mehrere Aufträge gehören können, so wie es die oben erwähnte 1:N-Beziehung erfordert.

Es ist nun die Stärke relationaler Datenbanken, dass durch die Beschreibung von Beziehungen zwischen Objekten die in mehrere Tabellen aufgeteilte Information wieder logisch zusammengeführt, ausgewertet und dargestellt werden kann. Dies geschieht über Abfragen.

1.3 Abfragen

Mit Hilfe der strukturierten Abfragesprache SQL (Structured Query Language) werden Befehle an die Datenbank formuliert, die das gewünschte Ergebnis beschreiben. Es ist jedoch in den seltensten Fällen notwendig, diese Befehle mit einem Editor zu schreiben. In der Regel wird die Abfrage mit Hilfe von Assistenten durch Anklicken von Schaltflächen hergestellt. In der folgenden Abb. 1.3 wird dargestellt, wie eine Abfrage erzeugt wird, die alle Aufträge des Kunden Silbermann anzeigen soll.

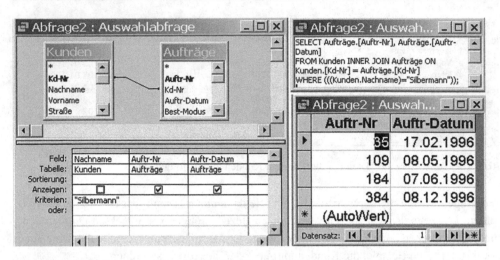

Abb. 1.3 Abfrage in Access über die Tabellen Kunden und Aufträge

Das linke Teilbild zeigt die Entwurfsansicht einer Abfrage. Man sieht in der oberen Hälfte die zuvor ausgewählten Tabellen Kunden und Aufträge. Diese Tabellen wurden durch Zeichnen einer Verbindungslinie zwischen dem Primärschlüssel-Attribut Kd-Nr der Tabelle Kunden und dem (Fremdschlüssel-)Attribut Kd-Nr der Tabelle Aufträge miteinander verknüpft. Anschließend wurden die in der unteren Bildhälfte im Entwurfsbereich sichtbaren Attribute ausgewählt. Im Feld Nachname wird in die Zeile KRITERIEN der Name „Silbermann" eingegeben, das heißt es sollen nur die Datensätze angezeigt werden, die zum Kunden „Silbermann" gehören. Die dann tatsächlich in der Datenblattansicht (rechtes unteres Teilbild) anzuzeigenden Felder werden durch Anklicken des Kontrollkästchens in der Zelle ANZEIGEN ausgewählt. Die vom Assistenten generierte Abfrage in der Sprache SQL zeigt die SQL-Ansicht im rechten oberen Teilbild.

Datenbankmanagementsysteme

2

Zusammenfassung

Im zweiten Kapitel werden wichtige Grundbegriffe und Konzepte im Fachgebiet Datenbanken eingeführt und zueinander in Beziehung gesetzt. Dabei werden die Komponenten, die Drei-Ebenen-Architektur sowie die Anforderungen von Datenbankmanagementsystemen beschrieben. Anschließend werden die Schritte zur Erstellung einer Datenbank erläutert.

2.1 Komponenten und Architektur

Jedes Datenbanksystem besteht in seiner Grundstruktur aus einem Datenbankmanagementsystem (DBMS = Database Management System) und mehreren, untereinander verknüpften Dateien, der eigentlichen Datenbank. Eine Datenbank kann somit definiert werden als eine Sammlung von Daten, die untereinander in einer logischen Beziehung stehen. Ein Datenbankmanagementsystem ist eine Software zur Verwaltung der Daten in einer Datenbank. Datenbankmanagementsysteme, die das relationale Datenbankmanagementsystem unterstützten, werden häufig auch als relationale Datenbankmanagementsysteme (RDBMS = Relational Database Management System) bezeichnet. Die größten kommerziellen Datenbankmanagementsysteme sind die DB2 (IBM), Oracle (Oracle), MS SQL Server/MS Access (Microsoft) und die größten Open-Source Datenbankmanagementsysteme sind MySQL (Oracle) sowie Postgre-SQL (Postgre-SQL Global Development Group). Die Aufgabe des DBMS besteht darin, die Datenbank zu verwalten [1, 2].

Zur Durchführung und Spezifikation der Dateioperationen stehen die in der Abb. 2.1 dargestellten Komponenten bzw. Sprachen zur Verfügung, die sich aus den verschiedenen Datensichten bzw. Ebenen ergeben. Die Drei-Ebenen-Architektur

---

© Springer Fachmedien Wiesbaden GmbH, ein Teil von Springer Nature 2018

F. Herrmann, *Datenorganisation und Datenbanken*,

https://doi.org/10.1007/978-3-658-21331-2_2

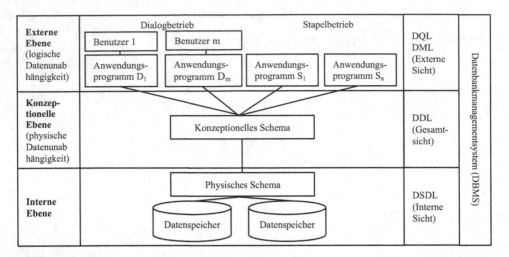

Abb. 2.1 Drei-Ebenen-Architektur von DBMS

beschreibt den grundlegenden Aufbau eines Datenbanksystems. Die Architektur wurde 1975 vom Standards Planning and Requirements Committee (SPARC) des American National Standards Institute (ANSI) entwickelt [3]. Die Architektur umfasst die folgenden Ebenen [1]:

- Die **externe Ebene** verlangt Sprachen, die dem Benutzer einer Datenbank den Umgang mit dem Datenbestand ermöglichen sollen. Dabei wird zum einen zwischen der Datenmanipulationssprache (DDL = Data Manipulation Language) und der Datenanfragesprache bzw. Datenabfragesprache (DQL = Data Query Language) unterschieden. Die Datenmanipulationssprache ist eine Datenbanksprache, die professionellen Benutzern und Anwendungsprogrammen den interaktiven Zugriff (zum Beispiel Ändern, Hinzufügen, Löschen) auf die Datenbank ermöglichen soll. Die Anfrage- bzw. Abfragesprache ist dagegen eine Dialogsprache für Benutzer ohne detaillierte IT-Kenntnisse, die den Benutzern die Abfrage von Daten und das Generieren von Berichten ermöglichen soll.
- Die **konzeptionelle Ebene** verlangt eine Sprache, mit der sich die logischen Datenstrukturen definieren bzw. beschreiben lassen. Mit der sogenannten Datendefinitions-/ Datenbeschreibungssprache (DDL = Data Definition Language) wird die logische Struktur nach einem Datenbankmodell, wie zum Beispiel zunächst mit dem Entity-Relationship-Modell und dann mit dem relationalen Datenbankmodell, beschrieben. Eine Aufgabe besteht somit darin, das Datenmodell in die Datenbank zu übertragen. Im relationalen Datenbankmodell werden mit der Datendefinitionssprache beispielsweise Relationen (Tabellen) definiert oder gelöscht. Das Data Dictionary (Datenverzeichnis bzw. Datenwörterbuch), ein spezielles Programm zur Verwaltung der Datendefinitionen, übernimmt dabei die Speicherung der Metadaten (Daten über die in der Datenbank

gespeicherten Daten). Zu den Metadaten gehören Angaben zur Herkunft der Daten und zu den Anwendungssystemen, die die Daten verwenden.

- Die **interne Ebene** verlangt eine Sprache, mit der sich die physische Datenorganisation innerhalb eines Datenbanksystems beschreiben lässt. Die Speicherbeschreibungsspra- che (DSDL = Data Storage Description Language) legt die Zugriffspfade fest und über- nimmt die Speicherverwaltung.

2.2 Anforderungen

Wenn Daten über ein Dateisystem gespeichert werden, treten vielfältige Probleme auf, die durch die Verwaltung der Daten mit Hilfe eines Datenbankmanagementsystems vermie- den werden können. Genau wie der Manager einer Firma plant, steuert, kontrolliert und organisiert das DBMS die Daten. Ein Problem kann jedoch nicht durch ein DBMS besei- tigt werden: Redundanzen (mehrfaches Führen der gleichen Daten), die aufgrund der Struktur auftreten, in der die Daten gespeichert wurden.

Die Hauptanforderungen an Datenbankmanagementsysteme sind [1, 4, 5, 6]:

- **Datenunabhängigkeit:** Die Daten sollen unabhängig vom Anwendungsprogramm und unabhängig von der Systemplattform (Hardware, Betriebssystem) gespeichert werden können.
- **Benutzerfreundlichkeit:** Einfache Benutzersprachen und grafische Benutzeroberflächen sollen dem Benutzer einen einfachen Umgang mit dem Datenbestand ermöglichen.
- **Mehrfachzugriff:** Auf die gespeicherten Daten sollen alle autorisierten Benutzer gleichzeitig zugreifen können.
- **Flexibilität:** Die Daten müssen einen wahlfreien Zugriff und eine fortlaufende Verar- beitung ermöglichen.
- **Effizienz:** Die Zeiten für Abfragen, Verarbeitungen, Änderungen und Ergänzungen müssen kurz sein.
- **Datenschutz:** Festgelegte Benutzergruppen müssen einen uneingeschränkten oder ein- geschränkten Zugang auf den Datenbestand haben und für bestimmte Benutzergruppen muss der Datenbestand gesperrt sein.
- **Datensicherheit:** Daten müssen gegen System-, Programmfehler und Hardwareaus- fälle gesichert sein.
- **Datenintegrität:** Daten müssen vollständig, korrekt und widerspruchsfrei gespeichert werden und sie müssen die Realität exakt wiedergeben.
- **Redundanzfreiheit:** Jedes Datenelement sollte möglichst nur einmal gespeichert wer- den. Die mehrfach dezentrale Speicherung von Daten (Datenredundanz) soll vermie- den werden.

2.3 Schritte zur Erstellung einer Datenbank

Der Datenbankentwurf, d. h. die Erstellung einer Datenbank aufgrund der Realität, erfolgt in mehreren Schritten und muss vom Datenbank-Designer in Abstimmung mit dem Kunden im Rahmen eines Phasenkonzeptes erfolgen. In der Abb. 2.2 wird ein Phasenkonzept mit fünf Phasen vorgestellt, wie bei der Erstellung einer Datenbank vorgegangen werden kann [1, 7, 8, 9]:

1) Zunächst wird auf der Grundlage des Geschäftsumfeldes bzw. der Realität des Kunden festgelegt, für welchen Zweck eine Datenbank entworfen werden soll. Die Zweckbestimmung stellt die wichtigste Aufgabe der Datenbankanwendung dar, da die Zweckbestimmung letztendlich festlegt, welche Daten als relevant anzusehen sind. Als Ergebnis der Phase 1 resultiert ein Konzeptvorschlag, der das Ziel des Projektes beschreibt und darlegt, wie das Projekt in Angriff genommen werden soll.
2) Anschließend wird in der Phase 2 in Absprache mit dem Kunden ein konzeptioneller Datenbankentwurf erstellt. Dabei wird das geschäftliche Umfeld analysiert und ermittelt, wie Geschäftsprozesse bisher abgewickelt wurden, welche Objekte mit welchen Informationen existieren (zum Beispiel Kunde mit den Informationen Name, Vorname und Anschrift) sowie welche Beziehungen und Einschränkungen zwischen den Objekten bestehen. Hierfür kann zum Beispiel das Entity-Relationship-Modell (ERM) nach Chen oder das Precised ERM (PERM), das in diesem Buch als eigener Modellierungsvorschlag präsentiert wird, angewendet werden. Der konzeptionelle Datenbankentwurf

	Phase	Ergebnis
Verstehen	**Phase 1** Zweckbestimmung aus der Realität	Konzeptvorschlag
	Phase 2 Problem fachlich verstehen und Konzept für Datenbank erstellen	Konzeptioneller Datenbankentwurf
Entwerfen	**Phase 3** Auf Basis des konzeptionellen Datenbankentwurfs wird der logische Datenbankentwurf für die DV-Umsetzung erstellt	Logischer Datenbankentwurf
Umsetzen	**Phase 4** Der logische Datenbankentwurf wird DV-technisch implementiert	Physischer Datenbankentwurf
Einsetzen	**Phase 5** Abnahme/Wartung	Abnahmeplan/Wartungsplan

Abb. 2.2 Phasenkonzept zur Erstellung einer Datenbank

dient als Diskussionsplattform mit dem Kunden und als Grundlage zur Erstellung des logischen Datenbankentwurfs.

3) Da der konzeptionelle Datenbankentwurf nicht direkt in eine Datenbankstruktur transformiert werden kann, entwickelt der Datenbankdesigner aus dem konzeptionellen Datenbankentwurf den logischen Datenbankentwurf. Im logischen Datenbankentwurf wird das fachliche Konzept DV-technisch umgesetzt, indem die Art der Speicherung bestimmt werden muss. Hierfür wird in der Regel das Relationenmodell verwendet, indem die Daten in Form von Tabellen gespeichert werden. Dabei sind bestimmte Transformationsregeln zu beachten.

4) In der Phase 4 wird der logische Datenbankentwurf in einen physischen Datenbankentwurf überführt (Implementierung). Dabei wird bei relationalen Datenbanken das Relationenmodell mit der Datenbeschreibungssprache SQL in eine physische Datenbankstruktur umgesetzt. Das Ergebnis ist eine Datenbank, die immer wieder getestet und mit dem Kunden auf fachliche Korrektheit hin geprüft wird.

5) Am Ende wird das System eingeführt und mit Hilfe von einem vorher definierten Abnahmeplan vom Kunden abgenommen. Nach der Kundenabnahme erfolgt die Wartung nach einem vorher definierten Wartungsplan, die die Betreuung und Schulung der Endbenutzer und die Überwachung der DV-Umgebung einschließt.

Da sich Projekte zur Erstellung einer Datenbank stark unterscheiden, sollte das dargestellte Phasenkonzept lediglich als Anregung zur Erstellung eines eigenen Projektplanes dienen und kontinuierlich an die eigenen Bedürfnisse angepasst werden.

2.4 Übungen

Übung 2.1

Sehen Sie sich das folgende Video an: https://www.youtube.com/watch?v=dLXZYr-o4T4 und beantworten Sie die folgenden Fragen.

1) Ordnen Sie die Begriffe Anwender A, Anwender B, Programm A, Programm B, Datenbanksysteme, Datenbank und Datenbankmanagementsystem den unterstrichenen Bereichen der Abb. 2.3 zu.

2) Was versteht man unter einem Datenbanksystem (DBS), einem Datenbankmanagementsystem (DBMS) und einer Datenbank (DB)?

3) Nennen Sie wichtige kommerzielle Datenbankmanagementsysteme.

4) Nennen Sie wichtige Open Source-Datenbankmanagementsysteme.

5) Was versteht man unter einem relationalen Datenbankmanagementsystem und welche weiteren Datenbankmanagementsysteme gibt es darüber hinaus?

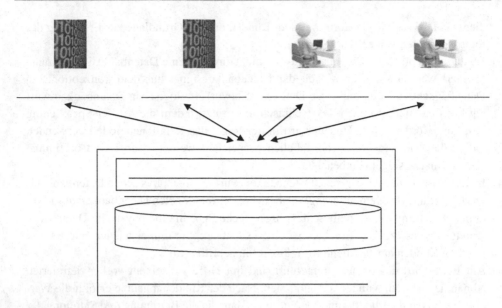

Abb. 2.3 Aufbau eines Datenbanksystems

6) Warum ist es sinnvoll, dass zum Beispiel die Lagerverwaltung mit demselben Datenbestand wie die Auftragsabteilung in einem Unternehmen arbeitet?
7) Welche Probleme können auftauchen, wenn zum Beispiel zwei Abteilungen mit
   demselben Datenbestand arbeiten?

Literatur

1. Kudraß T (2015) Taschenbuch Datenbanken, 2. Aufl. Carl Hanser, München
2. Gabriel R, Röhrs H-P (2003) Gestaltung und Einsatz von Datenbanksystemen. Springer, Berlin
3. Tsichritzis D (1975) Interim report from the Study Group on Data Base Management Systems.
   FDT (Bull ACM SIGMOD) 2(2)
4. Cordts S, Blakowski G, Brosius G (2011) Datenbanken für Wirtschaftsinformatiker: Nach dem
   aktuellen Standard SQL: 2008. Springer Vieweg, Wiesbaden
5. Härder T, Rahm E (2001) Datenbanksysteme – Konzepte und Techniken der Implementierung,
   2. Aufl. Springer, Berlin
6. Lusti M (2003) Dateien und Datenbanken – Eine anwendungsorientierte Einführung, 4. Aufl.
   Springer, Berlin
7. Meier A (2010) Relationale und postrelationale Datenbanken, 7. Aufl. Springer, Berlin
8. Elmasri RA, Navathe SB (2009) Grundlagen von Datenbanksystemen: Bachelorausgabe. Pearson
   Studium, München
9. Unland R, Pernul G (2014) Datenbanken im Einsatz: Analyse, Modellbildung und Umsetzung.
   De Gruyter Oldenbourg, Berlin

Konzeptioneller Datenbankentwurf 3

Zusammenfassung

Im dritten Kapitel wird der konzeptionelle Datenbankentwurf beschrieben, der direkt nach der Zweckbestimmung einer Datenbank erfolgt. Dabei geht es um eine formale Beschreibung der Datenbestände eines Anwendungsbereichs mit dem Ziel, die Struktur einer Datenbank zu definieren. Der konzeptionelle Datenbankentwurf dient als Diskussionsplattform mit den Fachabteilungen und als Grundlage zur Erstellung des logischen Datenbankentwurfs. Hierfür kann zum Beispiel das Entity-Relationship-Modell (ERM) nach Chen oder das Precised ERM (PERM) verwendet werden. Das Precised ERM stellt eine Erweiterung des ERM nach Chen dar und enthält ebenfalls Notationselemente des Entity-Relationship-Modells (ERM) nach Barker.

Der konzeptionelle Datenbankentwurf erfolgt in drei Schritten. Zunächst erfolgt in den ersten beiden Schritten die Erfassung und Beschreibung aller relevanten Datenobjekte (und der zwischen diesen Datenobjekten bestehenden Beziehungen). Anschließend werden im dritten Schritt die erfassten Datenobjekte und Beziehungen in einem semantischen Datenmodell (Semantik = Bedeutungslehre) grafisch dargestellt. Hierfür wird häufig das Entity-Relationship-Modell von Chen (1976) eingesetzt, das ursprünglich für den konzeptionellen Datenbankentwurf entwickelt wurde. Im Laufe der Zeit hat es einige Änderungen am ursprünglichen Entity-Relationship-Modell (ERM) gegeben, die im Folgenden ebenfalls im Rahmen eines Precised ERM (PERM) berücksichtigt werden.

© Springer Fachmedien Wiesbaden GmbH, ein Teil von Springer Nature 2018   11
F. Herrmann, *Datenorganisation und Datenbanken*,
https://doi.org/10.1007/978-3-658-21331-2_3

3.1 Eingangssituation

Martin Müller hat sich nach seinem Studium der Betriebswirtschaft mit der Fahrradvermietung Müller GmbH in Nürtingen als alleiniger Gesellschafter und Geschäftsführer selbstständig gemacht. Zurzeit hat er 30 verschiedene Fahrräder im Angebot, die vor allem an Urlauber
für einen oder mehrere Tage vermietet werden. Martin Müller möchte für sein Unternehmen
eine Datenbank erstellen, mit der er die Vermietung der Fahrräder abwickeln kann. In einer
ersten Analysephase wurden bei der Fahrradvermietung folgende Beobachtungen gemacht:

- 10. April: „Anja Maier", „Königsallee 81", „70000 Stuttgart", mietet vom 20.05. bis
  zum 25.05 das Fahrrad „Scale 70" der Marke „Scott" mit der Rahmennummer „CB/098"
  zum Tagesmietpreis von 21,00 €. Das Fahrrad hatte zum Kaufdatum, dem 23.02.2017,
  einen Wert von 780,00 €.
- 21. Mai: „Andreas Bühler", „Lindenallee 12", „69126 Heidelberg", mietet vom 22.05.
  bis zum 25.05. das Fahrrad „Viale Gent" der Marke „Scott" mit der Rahmennummer
  „HX/977" zum Tagesmietpreis von 28,00 €. Das Fahrrad hatte zum Kaufdatum, dem
  14.01.2017, einen Wert von 950,00 €.

Es sollen die Objekte gleicher Struktur bestimmt werden, die in der Situationsbeschreibung angesprochen werden, und die Beziehungen, die zwischen den Objekten bestehen.
Anschließend soll zunächst ein grobes ERM und danach ein verfeinertes ERM für die
Fahrradvermietung Müller GmbH in Nürtingen erstellt werden. Die Modellierung soll mit
dem ERM nach Chen durchgeführt werden.

3.2 Entity-Relationship-Modell nach Chen

Das Entity-Relationship-Modell von Chen wurde im Jahre 1976 von Chen entwickelt [1].
Es ist leicht zu verstehen und hat sich deshalb in der Kommunikation mit dem Kunden
durchgesetzt. Darüber hinaus kann das Modell leicht in das Relationenmodell von Codd
umgesetzt werden. Es gibt zahlreiche Erweiterungen zum ERM, die teilweise unter dem
Begriff EERM (Extended ERM) zusammengefasst werden [2, 3, 4, 5, 6].

3.2.1 Entitätstypen

Ein Objekt ist ein Element, das eindeutig identifiziert und anhand seiner Eigenschaften
unterschieden werden kann. Ein Objekt kann [7]:

- etwas physisch Existierendes, zum Beispiel ein Kunde, ein Hersteller oder ein Fahrrad, oder
- etwas konzeptionell Existierendes, zum Beispiel eine Firma, ein Mietvertrag, eine
  Arbeitsstelle oder ein Universitätsabschluss

sein. Entsprechend werden unter einem Objekttyp Dinge zusammengefasst, die durch
gleichartige Merkmale beschrieben werden können und deren Merkmale jedes Element
eindeutig identifizieren.

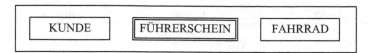

Abb. 3.1 Darstellung von Entitätstypen im ERM von Chen

Im Entity-Relationship-Modell nach Chen werden Objekte als Entitäten und Objekttypen als Entitätstypen bezeichnet. Somit bezeichnet eine Entität ein eindeutig unterscheidbares Objekt und ein Entitätstyp eine Sammlung (oder Menge) von Entitäten mit gleichen Attributen (Eigenschaften). Entitätstypen werden nach Chen in einem Rechteck dargestellt. Beispielsweise lassen sich die Entitäten „Anja Maier" und „Andreas Bühler" zum Entitätstyp Kunde zusammenfassen [7].

Schwache Entitätstypen sind dagegen nicht unmittelbar an einem Geschäftsprozess beteiligt und können nicht ohne einen starken Entitätstyp existieren, wie zum Beispiel die Führerscheine von Kunden in Abb. 3.1. Sie müssen aber dennoch manchmal mitmodelliert werden, wenn zum Beispiel ein Radausflug in die Alpen organisiert wurde und die Teilnehmer mit dem Auto anreisen sollen. Schwache Entitätstypen sind von anderen Entitätstypen abhängig, haben keinen eigenen identifizierenden Schlüssel und werden im ERM nach Chen durch doppelte Linien gekennzeichnet [7].

3.2.2 Attribute und Schlüssel

Jede Entität hat Attribute, d. h. bestimmte Eigenschaften, die sie beschreiben [7].

Wie die Abb. 3.2 zeigt, hat beispielsweise die Kundin „Anja Maier" die Attribute Kundennummer, Nachname, Vorname, Straße, PLZ und Ort und das Fahrrad „Scale 70" die Attribute Fahrradnummer, Bezeichnung, Rahmennummer, Tagesmietpreis, Wert, Kaufdatum und Herstellername. Eine Entität hat für jedes Attribut einen Wert, wobei die Attributwerte einen wichtigen Teil der in der Datenbank gespeicherten Daten bilden. Beispielsweise hat die Kundin „Anja Maier" die Attributwerte 1, „Maier", „Anja", „Königsallee 81", „70000", „Stuttgart" und das Fahrrad „Scale 70" die Attributwerte 1, „Scale 70", „CB/098", 21,00 €, 780,00 €, #23.02.2017#, „Scott".[1]

Soweit Attribute für einen Geschäftszweck notwendig sind, sollten sie für einen Entitätstyp vollständig aufgeführt werden [7].

Nachdem die Attribute für die Entitätstypen festgelegt wurden, muss überlegt werden, welche Attribute oder Attributkombinationen notwendig sind, um eine bestimmte Entität eines Entitätstyps eindeutig zu identifizieren. Ein solches Attribut wird als Schlüssel bzw. Schlüsselattribut bezeichnet. Wenn es mehrere Schlüssel gibt, werden diese Schlüssel als Schlüsselkandidaten bezeichnet. Aus diesen Schlüsselkandidaten muss dann ein Schlüssel ausgewählt werden, über den die Entitäten eines Entitätstyps eindeutig identifiziert

---

[1] In Anlehnung an die Suchabfragen in Access werden Attributwerte, die den Datentyp kurzer oder langer Text bekommen, im Folgenden immer mit Hochkomma dargestellt, Attributwerte, die den Datentyp Datum/Uhrzeit bekommen, werden immer mit Rauten dargestellt und bei Attributwerten mit dem Datentyp Zahl werden die Hochkomma und Rauten weggelassen.

Entitätstyp	Entität	Attribut	Attributwert
KUNDE	„Anja Maier"	Kundennr Nachname Vorname Straße PLZ Ort	1 „Maier" „Anja" „Königsallee 81" „70000" „Stuttgart"
	„Andreas Bühler"	Kundennr Nachname Vorname Straße PLZ Ort	2 „Bühler" „Andreas" „Lindenallee 12" „69126" „Heidelberg"
FAHRRAD	„Scale 70"	Fahrradnr Bezeichnung Rahmennummer Tagesmietpreis Wert Kaufdatum Herstellername	1 „Scale 70", „CB/098", 21,00 €, 780,00 €, #23.02.2017# „Scott"
	„Viale Gent"	Fahrradnr Bezeichnung Rahmennummer Tagesmietpreis Wert Kaufdatum Herstellername	2 „Viale Gent", „HX/977", 28,00 €, 950,00 €, #14.01.2017# „Scott"

Abb. 3.2   Beispiele für Entitätstypen, Entitäten, Attribute und Attributwerte

werden. Eindeutig identifizierende Schlüssel werden dabei nicht gesondert dargestellt. Allerdings ist es heutzutage üblich, den Schlüssel zu unterstreichen. Manchmal bilden mehrere Attribute zusammen ein zusammengesetztes Schlüsselattribut, wobei sich die Kombination der Attributwerte jeder Entität unterscheiden muss. Dabei ist zu beachten, dass ein zusammengesetzter Schlüssel minimal sein sollte. Entitätstypen, die keine eigenen Schlüsselattribute haben und am Geschäftsprozess nicht direkt beteiligt sind, werden als schwache Entitätstypen bezeichnet, während normale Entitätstypen, die ein eigenes Schlüsselattribut besitzen und am Geschäftsprozess beteiligt sind, als starke Entitätstypen bezeichnet werden [7].

Für den Entitätstyp Kunde in Abb. 3.3 ist zum Beispiel die Kundennummer ein typisches Schlüsselattribut, da Namen wie zum Beispiel „Anja Maier" mehrmals vorkommen können und somit eine Kombination aus Vorname und Nachname nicht als Schlüssel geeignet ist.

Falls kein eindeutig identifizierender Schlüssel vorhanden ist, muss ein sogenannter künstlicher Schlüssel, zum Beispiel eine fortlaufende Nummer, zur eindeutigen Identifikation erstellt werden [7].

Beim ERM nach Chen werden Attribute in Form eines Kreises an den jeweiligen Entitätstyp angehängt. Um Platz zu sparen, werden die Attribute im Folgenden mit drei Buchstaben abgekürzt.

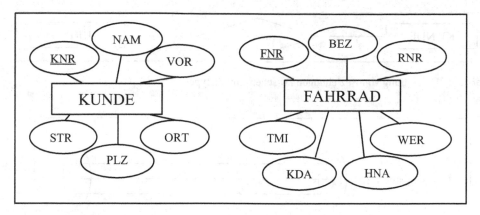

Abb. 3.3 Darstellung von Entitätstypen und Attributen im ERM von Chen

3.2.3 Beziehungstypen

Nachdem die Entitätstypen, Attribute und identifizierende Schlüssel festgelegt worden sind, werden im nächsten Schritt die Beziehungen, die zwischen den Entitäten bzw. Entitätstypen bestehen, erfasst und beschrieben. Beziehungen sind Assoziationen zwischen Entitätstypen, die im ERM durch Rauten und Verben dargestellt werden. Eine Beziehung besteht zum Beispiel zwischen der Kundin „Anja Maier" und dem von ihr gemieteten Fahrrad „Scale 70" [7].

Gleichartige Beziehungen zwischen Entitäten bzw. Entitätstypen werden im ERM von Chen zu Beziehungstypen (Relationshiptypen) zusammengefasst. Wie Abb. 3.4 zeigt, werden Beziehungen im ERM von Chen grafisch durch Rauten dargestellt. Für den Namen der Raute sollte ein Verb, wie zum Beispiel mietet, gewählt werden [7].

Wie Abb. 3.5 zeigt, lassen sich im ERM nach Chen zunächst drei unterschiedliche grundsätzliche Beziehungstypen unterscheiden [7]:

- Eine 1:1-Beziehung beschreibt, dass zu jeder Entität der ersten Menge maximal eine Entität der zweiten Menge gehört und umgekehrt. Beispielsweise hat jeder Kunde der Fahrradvermietung maximal einen Führerschein und jeder Führerschein gehört zu höchstens einem Kunden.
- Eine 1:N-Beziehung bringt zum Ausdruck, dass einer Entität der ersten Menge keine, eine oder mehrere Entitäten der zweiten Menge zugeordnet werden können. Jeder Entität der zweiten Menge kann maximal eine Entität der ersten Menge zugeordnet werden. Beispielsweise liefert ein Hersteller ein oder mehrere Fahrräder und jedes Fahrrad wird von genau einem Hersteller geliefert.
- Eine M:N-Beziehung beschreibt, dass jede Entität der ersten Menge mit keiner, einer oder mehreren Entitäten der zweiten Menge in Beziehung steht und umgekehrt. Beispielsweise mietet ein Kunde ein oder mehrere Fahrräder und ein Fahrrad wird von keinem, einem oder mehreren Kunden gemietet (wenn ein Kunde kein Fahrrad mieten würde, dann wäre er kein Kunde).

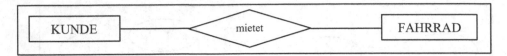

Abb. 3.4 Darstellung von Beziehungen zwischen Entitätstypen

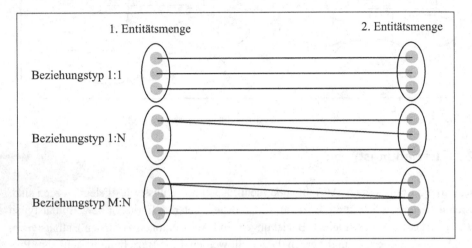

Abb. 3.5 Arten von Beziehungen im Entity-Relationship-Modell

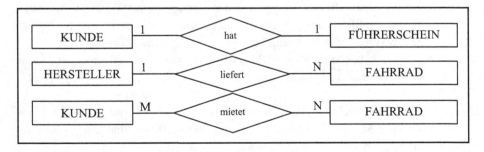

Abb. 3.6 Beispiele für Beziehungen zwischen Entitätstypen

Im dritten Schritt werden die Entitätstypen und Beziehungen in einem Entity-Relationship-Modell grafisch dargestellt. Die grafische Visualisierung der Datenstrukturen soll eine übersichtlichere und verständlichere Darstellung bestehender Zusammenhänge erreichen. In ein Entity-Relationship-Modell lassen sich beliebig viele Entitäts- und Beziehungstypen integrieren. Wie Abb. 3.6 zeigt, werden Entitätstypen durch Rechtecke, Beziehungstypen durch Rauten und Attribute durch Ellipsen oder Kreise dargestellt [7].

Beim Zeichnen eines Entity-Relationship-Modells wird oft das Prinzip der schrittweisen Verfeinerung angewendet. Dabei erfolgt zunächst die Entwicklung des groben Entity-Relationship-Modells, welches dann schrittweise in detaillierterer Form dargestellt wird. Die schrittweise Entwicklung von Entity-Relationship-Modellen kann von

Softwareentwicklungswerkzeugen unterstützt werden. Dabei sollten Entitätstypen mit Substantiven und Beziehungstypen mit Verben bezeichnet werden.

Die Abb. 3.7 zeigt ein grobes ERM für die „Fahrradvermietung Müller GmbH" mit den Entitätstypen Kunde sowie Fahrrad und dem Beziehungstyp mietet.

Dabei wird davon ausgegangen, dass ein Kunde mehrere Fahrräder mieten und jedes Fahrrad von mehreren Kunden gemietet werden kann. Ein Kunde hat die Attribute (Eigenschaften) Kundennummer (Schlüssel), Nachname, Vorname, Straße, PLZ und Ort. Ein Fahrrad hat die Attribute Fahrradnummer (Schlüssel), Bezeichnung, Rahmennummer, Tagesmietpreis, Kaufdatum, Herstellername und Wert. Die Attribute Mietdatum, Von und Bis lassen sich weder dem Kunden noch dem Fahrrad zuordnen, da sie von beiden Entitätstypen abhängig sind. Daher werden sie dem Beziehungstyp mietet zugeordnet.

Aus dem groben ERM wird dann – wie in Abb. 3.8 dargestellt – das verfeinerte ERM abgeleitet mit den Entitätstypen Kunde, Fahrrad, Wohnort sowie Hersteller und den Beziehungstypen mietet, wohnt in sowie geliefert von.

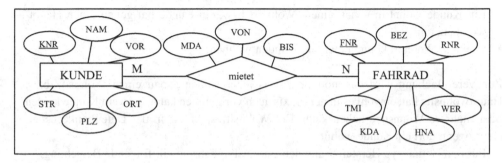

Abb. 3.7 Grobes ERM

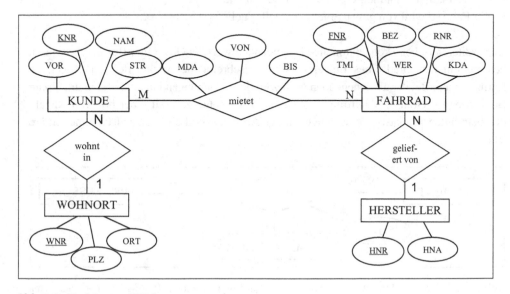

Abb. 3.8 Verfeinertes ERM

Wenn beispielsweise eine 1:N-Beziehung zwischen dem Attribut PLZ und einem Kunden besteht, d. h. dass in einem Postleitzahlenbereich mehrere Kunden wohnen können, so ist diese Beziehung aufzulösen, indem die Postleitzahlen mit den jeweiligen Orten in einen eigenen Entitätstyp Wohnort ausgelagert werden. Darüber hinaus besteht eine 1:N-Beziehung zwischen einem Hersteller und einem Fahrrad, da ein Hersteller mehrere Fahrräder liefern kann. Durch die Auslagerung der Hersteller in einen eigenen Entitätstyp können später Datenredundanzen, d. h. eine Mehrfachspeicherung von Daten in Tabellen, vermieden werden.

Für den Entitätstyp Kunde und den Entitätstyp Fahrrad gilt folgende Beziehung:

- Ein Kunde kann mehrere Fahrräder mieten und
- ein Fahrrad kann von mehreren Kunden gemietet werden.

Für den Entitätstyp Wohnort und den Entitätstyp Kunde gilt folgende Beziehung:

- Ein Kunde wohnt in genau einem Wohnort bzw. ein Kunde hat genau einen Hauptwohnsitz und
- in einem Wohnort können mehrere Kunden wohnen.

Zur Vereinfachung wird angenommen, dass jeder Kunde genau einen Wohnsitz bzw. Hauptwohnsitz hat, obwohl es in der Praxis auch vorkommen kann, dass ein Kunde keinen oder mehrere Wohnsitze haben kann. Ein Wohnsitz wird nur in der Datenbank gespeichert, wenn dort ein Kunde wohnt.

Für den Entitätstyp Hersteller und den Entitätstyp Fahrrad gilt folgende Beziehung:

- Ein Hersteller kann mehrere Fahrräder liefern und
- ein Fahrrad wird von genau einem Hersteller geliefert.

Des Weiteren ist beim konzeptionellen Datenbankentwurf der Grad eines Beziehungstyps zu bestimmen. Der Grad eines Beziehungstyps beschreibt die Anzahl der teilnehmenden Entitätstypen. Bei der überwiegenden Mehrzahl der Beziehungen handelt es sich um binäre Beziehungen (Grad 2). Allerdings können auch Beziehungen mit einer höheren Anzahl der beteiligten Entitätstypen auftreten. In der Abb. 3.9 wird ein Beispiel für eine ternäre

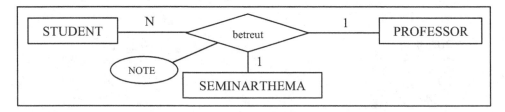

Abb. 3.9 Ternäre Beziehung (Grad 3) zwischen den Entitätstypen Student, Professor und Seminarthema

Beziehung (Grad 3) zwischen den Entitätstypen Student, Professor und Seminarthema dargestellt. Die Kardinalitätsangaben legen unter anderem die folgenden Konsistenzbedingungen fest:

- Studenten dürfen bei demselben Professor nur ein Seminarthema bearbeiten.
- Studenten dürfen das gleiche Seminarthema nur einmal bearbeiten.
- Professoren können das Seminarthema wiederverwenden und somit dasselbe Thema an mehrere Studenten vergeben.

3.3 Precised Entity-Relationship-Modell (PERM)

Das Precised ERM (PERM) erweitert das ERM nach Chen und basiert bei der Notation zum Teil auf dem Entity-Relationship-Modell (ERM) nach Barker. Das ERM nach Barker wird in der Praxis häufig eingesetzt, da es sehr übersichtlich sowie aussagekräftig ist und unter anderem in das CASE-Tool der Firma Oracle integriert wurde [7]. Das ERM nach Barker verwendet für eine 1:N-Beziehung sogenannte Krähenfüße und kann daher auch als Krähenfußnotation bezeichnet werden. Darüber hinaus werden auch optionale Beziehungen berücksichtigt und dargestellt. Insofern ist das Precised ERM, das in der grafischen Darstellung dem ERM nach Barker ähnelt, deutlich präziser und genauer als das ERM nach Chen und einfacher in der Darstellung als das ERM nach Barker. Beim Precised ERM werden eigene Beziehungstypen verwendet, die das Verständnis und die Darstellung erleichtern. Darüber hinaus wird versucht, die grafische Darstellung so einfach und anschaulich wie möglich durchzuführen.

3.3.1 Entitätstypen

Wie die Abb. 3.10 zeigt, werden die Entitätstypen im Precised ERM ebenfalls durch Rechtecke dargestellt. Ein schwacher Entitätstyp, wie zum Beispiel der Entitätstyp Führerschein, wird mit einer gestrichelten Linie mit dem starken Entitätstyp, wie zum Beispiel dem Entitätstyp Kunde, verbunden.

3.3.2 Attribute und Schlüssel

Beim Precised ERM in Abb. 3.11 werden Attribute innerhalb des Rechtecks für den Entitätstyp dargestellt. Wenn der Wert eines Attributes optional ist, dann wird dies durch das Zeichen „o" vor dem Attributnamen dargestellt. Wenn der Wert eines Attributes nicht optional ist, dann wird vor den Attributnamen das Zeichen „-" gestellt. Um ein Attribut als eindeutig identifizierenden Schlüssel auszuzeichnen, wird der Name des Attributs unterstrichen.

Abb. 3.10 Darstellung von Entitätstypen im Precised ERM

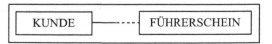

Abb. 3.11 Darstellung von
Entitätstypen und Attributen
im Precised ERM

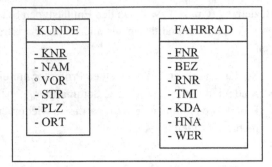

Abb. 3.12 Entitätstyp Kunde
mit strukturierten Attributen
im Precised ERM

Beim Precised ERM in Abb. 3.12 ist es sinnvoll, semantisch zusammengehörige Daten zu gruppieren. Beispielsweise besteht das strukturierte Attribut Anschrift aus den atomaren Attributen Straße, PLZ und Ort und das strukturierte Attribut „Name" aus den atomaren Werten Nachname und Vorname.

3.3.3   Beziehungstypen

Beim Precised ERM werden Beziehungen durch Verbindungslinien dargestellt. Gerade einfache Linien an einem Entitätstyp geben die Kardinalität für genau 1 an, während die sogenannten „Krähenfüße" („Crow's Foot") die Kardinalität für viele kennzeichnen. Wenn am Ende der Beziehungslinie ein Kreis steht, so wird dadurch die optionale Kardinalität von 1 gekennzeichnet, d. h. entweder ist die Kardinalität 0 oder 1. Wenn am Ende der Beziehungslinie ein Kreis und Krähenfüße stehen, so wird dadurch die optionale Kardinalität von viele gekennzeichnet, d. h. die Kardinalität kann die Werte 0, 1 oder viele annehmen.

Das Precised ERM hat das Ziel, eine Normalisierung der Daten zu berücksichtigen. Dabei sollen Redundanzen, d. h. das mehrfache Speichern von gleichen Informationen, eliminiert werden und damit Datenkonsistenz, d. h. die Eindeutigkeit der Daten, gewährleistet werden.

Unter einer redundanzfreien Speicherung von Daten ist zu verstehen, dass eine bestimmte Information in einer Datenbank nur einmal vorkommt. Wenn zum Beispiel die

Personaldaten von Herrn „Max Maier" gespeichert werden sollen, dann existiert der Name nur an einem einzigen Ort.

Eine Datenkonsistenz bedeutet, dass Daten eindeutige Informationen darstellen und daher in der Regel durch eine Nummer, wie zum Beispiel durch eine Personalnummer, eindeutig unterschieden werden können.

Bei den Beziehungstypen gibt es beim Precised ERM wesentlich mehr Varianten als beim ERM von Chen, die sich aus der Kombination der möglichen Assoziationstypen ergeben.

Eine Assoziation legt fest, wie viele Beziehungen von einem Entitätstyp 2 zu einem Entitätstyp 1 gehören.

Es gibt vier verschiedene Assoziationen, die in Abb. 3.13 dargestellt werden.

Ausgehend von den verschiedenen Assoziationstypen gibt es 16 verschiedene Beziehungstypen, die in Abb. 3.14 dargestellt werden. Von den dargestellten 16 Beziehungstypen sind 6 Beziehungstypen spiegelbildlich. Daher gibt es nur 10 Beziehungstypen, die bei der Überführung des ERM in das Relationenmodell in Abschn. 4.2 eingehend beschrieben werden. Im Relationenmodell sind nur hierarchische Beziehungen erlaubt. Konditionelle und netzwerkförmige Beziehungen sind dagegen nicht zulässig und müssen deshalb spätestens im Relationenmodell umgewandelt werden.

Als Beispiel werden die Tabelle Mitarbeiter mit Mitarbeiterdaten und die Tabelle Auto mit Autodaten betrachtet. Für das beschriebene Beispiel Mitarbeiter und Auto wird die Beziehung wie in Abb. 3.15 durch eine ovale Fläche und ein Verb dargestellt. Durch diese Beziehung wird zum Ausdruck gebracht, dass ein Mitarbeiter entweder kein Auto oder ein Auto besitzt und dass ein Auto genau einem Mitarbeiter gehört. Dieser Beziehungstyp kann auch 1:C-Beziehung genannt werden.

Abkürzung	Assoziationstyp	Anzahl der Beziehungen vom Entitätstyp
1	einfache Assoziation	genau eine Beziehung (1)
C	konditionelle Assoziation	keine oder genau eine Beziehung (0/1)
M	multiple Assoziation	mindestens eine Beziehung (≥ 1)
MC	multipel-konditionelle Assoziation	beliebig viele Beziehungen (≥ 0)

Abb. 3.13 Mögliche Assoziationsgruppen

Abb. 3.14 Beziehungen beim Precised ERM

Abb. 3.15 Beispiel für eine 1:C-Beziehung zwischen den Relationen Mitarbeiter und Auto

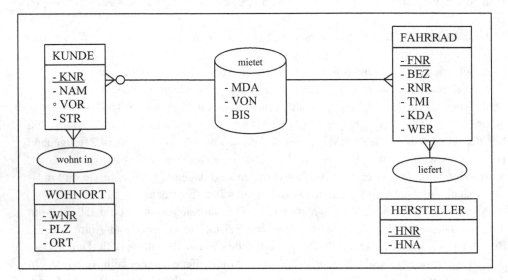

Abb. 3.16 Verfeinertes Precised ERM

Beim Precised ERM könnte die Bezeichnung einer Beziehung aus der Sichtweise jedes Entitätstyps dargestellt werden. Im Folgenden wird aber für die Darstellung der Beziehungen eine ähnliche Notation wie bei Chen gewählt, da es doch übersichtlicher erscheint. Für den Beziehungstyp werden beim PERM ovale Flächen anstatt Rauten gewählt. Für die Bezeichnung einer Beziehung werden, wie beim ERM von Chen, Verben statt Substantive verwendet. Das komplette Precised ERM kann für das Eingangsbeispiel entsprechend der Abb. 3.16 dargestellt werden.

Für das verfeinerte Precised ERM gelten die folgenden Annahmen:

Für den Entitätstyp Kunde und den Entitätstyp Fahrrad gilt folgende Beziehung:

- Ein Kunde kann ein oder mehrere Fahrräder mieten, denn wenn er kein Fahrrad mieten würde, dann wäre er kein Kunde und
- ein Fahrrad kann von keinem, einem oder mehreren Kunden gemietet werden.

Vor allem an dieser Stelle zeigt sich, dass das Precised ERM genauere Informationen liefert als das ERM nach Chen und dennoch werden die Entitätstypen und Beziehungen übersichtlich dargestellt.

Für den Entitätstyp Wohnort und den Entitätstyp Kunde gilt folgende Beziehung:

- Ein Kunde wohnt in genau einem Wohnort bzw. ein Kunde hat genau einen Hauptwohnsitz und
- in einem Wohnort können ein oder mehrere Kunden wohnen.

Für den Entitätstyp Hersteller und den Entitätstyp Fahrrad gilt folgende Beziehung:

- Ein Hersteller kann ein oder mehrere Fahrräder liefern und
- ein Fahrrad wird von genau einem Hersteller geliefert.

3.4 Übungen

Übung 3.1

Martin Müller hat sich nach seinem Studium der Betriebswirtschaft mit der Fahrradvermietung Müller GmbH in Nürtingen als alleiniger Gesellschafter und Geschäftsführer selbstständig gemacht. Zurzeit hat er 30 verschiedene Fahrräder im Angebot, die vor allem an Urlauber für einen oder mehrere Tage vermietet werden. Martin Müller möchte für sein Unternehmen eine Datenbank erstellen, mit der er die Vermietung der Fahrräder abwickeln kann. In einer ersten Analysephase wurden bei der Fahrradvermietung folgende Beobachtungen gemacht:

- #10.04.#: „Anja Maier", „Königsallee 81", „70000 Stuttgart", mietet vom #20.05.# bis zum #25.05.# das Fahrrad „Scale 70" der Marke „Scott" mit der Rahmennummer „CB/098" zum Tagesmietpreis von 21,00 €. Das Fahrrad hatte zum Kaufdatum, dem #23.02.2017#, einen Wert von 780,00 €.
- #21.05.#: „Andreas Bühler", „Lindenallee 12", „69126 Heidelberg", mietet vom #22.05.# bis zum #25.05.# das Fahrrad „Viale Gent" der Marke „Scott" mit der Rahmennummer „HX/977" zum Tagesmietpreis von 28,00 €. Das Fahrrad hatte zum Kaufdatum, dem #14.01.2017#, einen Wert von 950,00 €.

Aufgaben

1) Bestimmen Sie die Objekte, die in der Situationsbeschreibung angesprochen werden und erläutern Sie die Beziehungen, die zwischen den einzelnen Objekten bestehen.
2) Bilden Sie Gruppen, die Objekte mit gleicher Struktur zusammenfassen, benennen Sie die Beziehungen, geben Sie die Beziehungstypen (1:1, 1:N oder M:N) zwischen den Objekten an.
3) In einem weiteren Interview nennt Martin Müller die Daten, die in der zu entwickelnden Datenbank gespeichert werden sollen: Von allen Mietern müssen Vorname, Name und Anschrift gespeichert werden können. Die Fahrräder sind mit Bezeichnung, Rahmennummer, Hersteller, Jahr der Anschaffung, Anschaffungskosten und Mietpreis pro

Tag zu speichern. Die Fahrradhersteller sollen mit ihrem Namen erfasst werden. Zu jedem Vermietvorgang sind das Mietdatum, der Mietbeginn und das Mietende zu speichern. Von den Wohnorten ist der Ortsname und die PLZ zu erfassen. Erstellen Sie ein Entity-Relationship-Modell (ERM) nach Chen.

4) Nachdem mit Martin Müller, Inhaber der Fahrradvermietung Müller GmbH, die Ergebnisse der ersten Phase der Datenmodellierung besprochen wurden, bittet er Sie, dass die folgenden Sachverhalte auch noch in der zu erstellenden Datenbank Berücksichtigung finden:

– Für alle Fahrräder soll eine Kategorisierung in Fahrradtypen („Mountain-Bike", „Herren City Bike", „Jugendfahrrad" etc.) möglich sein. Dabei soll auch eine kurze Erläuterung dieser Fahrradtypen („Geländefahrrad mit Federung", „Herrenräder für Straßen und Wege", „Fahrrad für Jugendliche" etc.) festgehalten werden.

– Herr Müller beschäftigt mehrere Aushilfskräfte, welche die regelmäßig durchzuführenden Inspektionen der Fahrräder vornehmen. Festgehalten werden soll, wer (Vorname, Name) an welchem Tag (Datum) welches Fahrrad gewartet hat.

– Erstellen Sie ein Entity-Relationship-Modell (ERM) nach Chen.

Erstellen Sie ein Entity-Relationship-Modell (ERM) nach Chen für diesen Sachverhalt mit Hilfe des Schaubildes der Abb. 3.17.

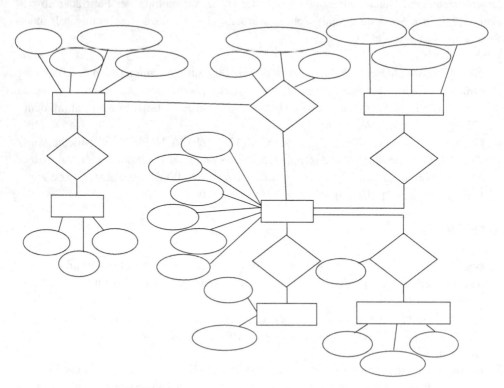

Abb. 3.17 ERM nach Chen für die Fahrradvermietung Müller GmbH

Übung 3.2

Eine Wohnungsverwaltung verwaltet Gebäude mit Wohnungen in mehreren Städten. Jede Stadt wird über einen eindeutigen Namen gekennzeichnet und in jeder Stadt verwaltet die Wohnungsverwaltung mindestens ein Gebäude. Ein Gebäude besteht aus einer oder mehreren Wohnungen und hat eine eindeutige Nummer sowie eine Adresse. Eine Wohnung hat eine für das jeweilige Gebäude, in dem die Wohnung liegt, eindeutige Nummer sowie einen Mietpreis und eine Wohnfläche. Die Wohnungsverwaltung hat Mitarbeiter, jeder mit einer eindeutigen Personalnummer und einem Namen. Jeder Mitarbeiter ist exakt einer Stadt zugeordnet.

Aufgabe

Zeichnen Sie ein ER-Diagramm in der Notation nach Chen.

Übung 3.3

In Abb. 3.18 ist ein einfaches ER-Diagramm eines Konzertveranstalters dargestellt. Welche Aussage(n) ist (sind) hierzu richtig?

1) Jeder Kunde kann ein oder mehrere Tickets kaufen. Jedes Ticket kann nur von maximal einem Kunden gekauft werden.
2) Jede Rechnung muss von genau einem Kunden bezahlt werden. Ein Kunde kann eine oder mehrere Rechnungen bezahlen.
3) Für jede Veranstaltung kann es mehrere Tickets geben. Jedes Ticket gehört zu genau einer ganz bestimmten Veranstaltung.
4) In dem ER-Diagramm ist modelliert, wann ein Kunde ein oder mehrere Tickets kauft und wann er die Rechnung bezahlt.
5) Die Kunden werden eindeutig über den Namen (Schlüssel) identifiziert.

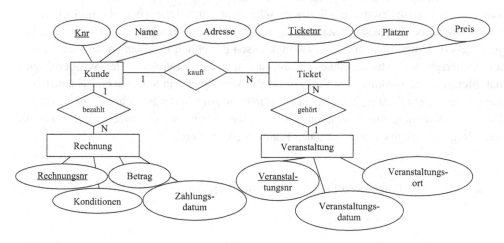

Abb. 3.18 Einfaches ER-Diagramm eines Konzertveranstalters

Übung 3.4

Die HfWU Nürtingen-Geislingen verleiht aus dem umfangreichen Bestand an Fachliteratur Bücher an ihre Studentinnen und Studenten. Die betreuenden Professoren beschließen, die Bibliotheksverwaltung in Zukunft computerunterstützt zu organisieren. Vorgesehen ist eine relationale Datenbank, mit der zunächst die Buchausleihe abgewickelt werden kann.

Bei der Ausleihe werden das Ausleihdatum und das Rückgabedatum erfasst. Als Daten der Ausleiher werden verpflichtend Vorname, Name und Anschrift gespeichert. Die Bücher sind mit Autor, Titel, Erscheinungsort, Erscheinungsjahr und Verlag zu speichern.

Aufgabe

Entwickeln Sie für die Hochschulbibliothek unter Berücksichtigung der Regeln für die Entity-Relationship-Modellierung nach Peter Chen ein Datenmodell mit Entitätstypen, Schlüsseln (eindeutigen Identifizierern) und Attributen, Beziehungen und Beziehungstypen, das möglichst wenige redundante Daten beinhaltet.

Übung 3.5

Ein Online-Spielwarengeschäft verkauft über das Internet Spielzeug. Ein Kunde gibt mehrere Bestellungen auf. Eine Bestellung enthält mehrere Artikel bzw. jeder Artikel kann auf verschiedenen Bestellungen erscheinen. Die Bestellungen werden von Mitarbeitern bearbeitet.

Aufgabe

Entwerfen Sie ein Datenmodell mit dem Precised ERM (ohne Attribute).

Übung 3.6

Für ein Geo-Informationssystem soll ein Datenmodell erstellt werden. Auf der Erde gibt es mehrere Staaten. Jeder Staat kann aus mehreren Regionen existieren und jeder Staat hat genau einen Staatsherrscher. Ein Staatsherrscher kann entweder ein demokratisch gewählter Präsident oder ein Diktator sein. Merkmale eines Staatsherrschers sind sein Name und sein Geburtsdatum. Merkmale eines demokratisch gewählten Präsidenten sind seine Parteizugehörigkeit und die Anzahl der Wählerstimmen, die er bei der letzten Wahl erhalten hat. Merkmal eines Diktators ist sein geschätztes Vermögen. Ein Staat hat eine Hauptstadt, die genau wie ein Staat gekennzeichnet ist durch die Anzahl der Bewohner, eine Gesamtfläche in Quadratmetern und durch eine Bevölkerungsdichte. Entsprechend können in jeder Region weitere Orte mit gleichen Kennzahlen existieren.

Aufgabe

Entwerfen Sie ein Datenmodell mit dem Precised ERM (inkl. Attribute).

Literatur

1. Chen PPS (1976) The entity-relationship-model: toward a unified view of data. ACM Trans Database Syst 1(1):9–36
2. Kudraß T (2015) Taschenbuch Datenbanken, 2. Aufl. Carl Hanser, München
3. Batini C, Ceri S, Navathe SB (1992) Conceptual database design: an entity-relationship approach. Benjamin/Cummings, Redwood City
4. Smith JM, Smith DCP (1977) Database abstractions: aggregation and generalization. ACM Trans Database Syst 2(2):105–133
5. Teorey TJ (1994) Database modeling and design: the fundamental principles. Morgan-Kaufmann Publishers, San Mateo
6. Thalheim B (2000) Entity-relationship modeling. Springer, Berlin
7. Cordts S, Blakowski G, Brosius G (2011) Datenbanken für Wirtschaftsinformatiker: Nach dem aktuellen Standard SQL: 2008. Springer Vieweg, Wiesbaden

Logischer Datenbankentwurf

4

Zusammenfassung

Im vierten Kapitel wird der logische Datenbankentwurf beschrieben. Da der konzeptionelle Datenbankentwurf nicht direkt in eine Datenbankstruktur transformiert werden kann, entwickelt der Datenbankdesigner aus dem konzeptionellen Datenbankentwurf den logischen Datenbankentwurf. Im logischen Datenbankentwurf wird das fachliche Konzept DV-technisch umgesetzt, indem die Art der Speicherung bestimmt werden muss. Hierfür wird das Relationenmodell verwendet, indem die Daten in Form von Tabellen gespeichert werden. Mit Hilfe der Normalisierung werden die Daten eines Datenbankschemas derart aufgeteilt, dass sie am Ende den Normalisierungsregeln entsprechen. Das Ziel besteht dabei darin, die Redundanzen (Mehrfachspeicherungen) zu eliminieren und ein verständliches und pflegeleichtes Datenmodell zu erreichen.

Beim logischen Datenbankentwurf, der häufig auch als DV-Konzept bezeichnet wird, geht es darum, ein mathematisch schlüssiges Konzept zur Übertragung des konzeptionellen Datenbankentwurfs auf ein konkretes Datenbankmodell, wie zum Beispiel das relationale Datenbankmodell, zu entwickeln. Der logische Datenbankentwurf sollte – ebenfalls wie der konzeptionelle Datenbankentwurf – unabhängig vom verwendeten Datenbankmanagementsystem sein. Allerdings ist er abhängig von der Art der Datenspeicherung (zum Beispiel relational). Im Folgenden wird nur die Umwandlung des Precised ERM in das Relationenmodell beschrieben. Die Umwandlung des ERM nach Chen funktioniert in gleicher Weise nur mit etwas reduzierterer Komplexität.

© Springer Fachmedien Wiesbaden GmbH, ein Teil von Springer Nature 2018
F. Herrmann, *Datenorganisation und Datenbanken*,
https://doi.org/10.1007/978-3-658-21331-2_4

4.1   Grundlagen des relationalen Datenmodells

Das relationale Datenbankmodell bzw. Relationenmodell wurde von E. F. Codd im Jahre 1970 veröffentlicht und stellt das wichtigste und am weitesten verbreitete Datenmodell dar [1, 2]. Codd definierte die theoretischen Grundlagen eines relationalen Datenbankmodells und erklärte, was sichere Datenhaltung und -abfrage bedeutet. Im Jahr 1985 entwickelte Codd zwölf Regeln für ein vollständig relationales DBMS [3, 4]. Der logische Datenbankentwurf basiert auf Codd's Relationenmodell, da das Relationenmodell einfach in ein Datenbanksystem übertragen werden kann. Weitere Vorteile des relationalen Datenbankmodells bestehen darin, dass der logische Datenbankentwurf unabhängig von einem konkreten Datenbankprodukt ist und dass das relationale Datenbankmodell die Struktur der Datenbank beschreibt, aber nicht die Art der physischen Speicherung.

Das relationale Datenbankmodell, wie es in der Abb. 4.1 mit einem Beispiel dargestellt wird, basiert auf der Relationentheorie und damit auf genau festgelegten mathematischen Grundlagen. Im Relationenmodell lassen sich alle Entitätstypen in zweidimensionale Tabellen, den sogenannten Relationen, mit einer festen Anzahl von Spalten und einer beliebigen Anzahl von Zeilen darstellen. In einer Zeile befindet sich dann jeweils ein Datensatz, der auch Tupel genannt wird.

Für ein relationales Datenbankmodell gelten die folgenden Grundregeln [5, 6, 7, 8]:

* Jede Relation ist eine zweidimensionale Tabelle,
* jede Zeile der Relation entspricht einem Tupel, Record bzw. Datensatz,
* die Spalten enthalten die Attribute der Relation,
* die Zeilen müssen voneinander verschieden sein (keine identischen),
* die Reihenfolge der Zeilen spielt keine Rolle,
* die Anzahl der Attribute heißt Grad der Relation,
* die Zusammenfassung aller möglichen Werte eines Attributs nennt man Domain, Bsp.: Monat = { Jan., … }.

Attribute sollten atomar (nicht strukturiert) und einwertig sein, einen assoziierten Wertebereich (z. B. Text, Zahl, Datum, Wahrheitswert) besitzen und Nullwerte annehmen können.

Im relationalen Datenbankmodell ist jeder Datensatz eindeutig, d. h. kein Datensatz kommt mehrfach vor und jedes Attribut hat einen eindeutigen Namen. Die Werte eines Attributs sind von der gleichen Art und haben einen bestimmten Wertebereich (Domain).

Fahrrad					
Fahradnr	Bezeichnung	Rahmennummer	Tagesmietpreis	Wert	Kaufdatum
1	Scale 70	CB/098	21,00 €	780,00 €	23.02.2017
2	Viale Gent	HX/977	28,00 €	950,00 €	14.01.2017

Abb. 4.1   Beispiel für die Relation Fahrrad

Zur eindeutigen Identifikation eines Datensatzes innerhalb einer Relation wird ein Primärschlüssel (Primary Key) verwendet. Bei einem Primärschlüssel handelt es sich um eine
oder mehrere Spalten bzw. Attribute, die einen Datensatz eindeutig identifizieren [1]. Ein
Primärschlüssel sollte zeitlich stabil sein und sich nicht ändern. Daher sind zum Beispiel
auch Postleitzahlen als Primärschlüssel eher ungeeignet. Letztlich sollte ein Primärschlüssel minimal sein, d. h. nur so viele Spalten zur eindeutigen Identifikation besitzen, wie
unbedingt notwendig sind. Wenn mehrere Spalten existieren, die einen Datensatz eindeutig identifizieren, so muss aus den sogenannten Schlüsselkandidaten ein Primärschlüssel
ausgewählt werden. Schlüsselkandidaten werden wiederum aus Superschlüsseln ausgewählt. Ein Schlüsselkandidat kann definiert werden als minimal identifizierende Teilmenge eines Superschlüssels. Dagegen kann ein Superschlüssel definiert werden als jede
Menge eindeutig identifizierender Attribute.

Wenn kein Schlüsselkandidat für eine eindeutige Identifikation der Datensätze in Frage
kommt, so muss ein künstlicher Primärschlüssel, zum Beispiel eine laufende Nummer,
definiert werden, die eine eindeutige Zuordnung der Datensätze ermöglicht.

Die Attribute der Relation Fahrrad im Ausgangsbeispiel sind im verfeinerten ERM
Fahrradnummer, Bezeichnung, Rahmennummer, Tagesmietpreis, Wert und Kaufdatum.
Hier können zum Beispiel die folgenden Superschlüssel identifiziert werden:

- {Fahrradnummer, Bezeichnung, Rahmennummer}
- {Fahrradnummer, Bezeichnung}
- {Fahrradnummer, Rahmennummer}
- {Bezeichnung, Rahmennummer}
- {Fahrradnummer}
- {Rahmennummer}

Aus den Superschlüsseln können zum Beispiel die folgenden Schlüsselkandidaten identifiziert werden:

- {Fahrradnummer}
- {Rahmennummer}

Als Primärschlüssel würde in diesem Fall die Wahl auf die Fahrradnummer fallen, da es
sich bei der Fahrradnummer um keinen zusammengesetzten Schlüssel (Compound Key)
handelt. Darüber hinaus ist die Fahrradnummer ein Datentyp Autowert, der dem Datentyp
Long Integer (Ganzzahl) entspricht.

Da es im Relationenmodell keine Beziehungstypen gibt, werden Beziehungen zwischen Relationen über Fremdschlüssel (Foreign Keys) hergestellt. Beim Fremdschlüssel
handelt es sich um eine Spalte, die einen Bezug zu einer anderen Relation herstellt. Um
zum Beispiel die Beziehung Fahrrad wird von Hersteller geliefert in Relationen abzubil-
den, übernimmt die Relation Fahrrad den Primärschlüssel der Relation Hersteller als

sogenannten Fremdschlüssel. Dabei müssen die Werte eines Fremdschlüssels immer den Werten des zugehörigen Primärschlüssels entsprechen. Dies wird auch als referenzielle Integrität bezeichnet. Ein Fremdschlüssel ist somit immer ein Verweis auf einen Primärschlüssel einer anderen Relation.

4.2   Umsetzung des ERM in das Relationenmodell

Beim konzeptionellen Datenbankmodell wurden im ERM die folgenden Elemente zur Abbildung des Geschäftsumfeldes verwendet:

* Entitätstypen,
* Attribute,
* Schlüssel (eindeutige Identifizierer),
* Beziehungstypen.

Diese Elemente werden beim logischen Datenbankentwurf in die folgenden Elemente des Relationenmodells überführt:

* Relationen (Tabellen),
* Attribute,
* Primärschlüssel,
* Fremdschlüssel.

4.2.1   Überführung von Entitätstypen und Attributen

Beim logischen Datenbankentwurf kann die Überführung der Entitätstypen und Attribute in Relationen und Spalten in vier Schritten erfolgen:

1) Überführung der Entitätstypen in Relationen (Tabellen),
2) Auflösung strukturierter Attribute in atomare Attribute,
3) Festlegung des zulässigen Wertebereichs der Attribute und Kennzeichnung, ob Nullwerte zulässig sind oder nicht,
4) Überführung mehrwertiger Attribute in eine neue Relation.

4.2.1.1   Überführung von Entitätstypen in Relationen

Im ersten Schritt erfolgt die Überführung der Entitätstypen in Relationen. Dabei werden aus dem Namen der Entitätstypen im ERM die Relationsnamen im Relationenmodell und aus den Attributen eines Entitätstyps die Spalten einer Relation. Die Namen der Attribute sollten im Relationenmodell keine Umlaute enthalten.

4.2.1.2 Auflösung von strukturierten Attributen in atomare Attribute

Strukturierte Attribute sind in atomare Attribute aufzulösen. Beispielsweise sollte der Name eines Kunden aus zwei Attributen bestehen, dem Vornamen und dem Nachnamen, und die Anschrift aus Straße,[1] PLZ und Ort. Atomare Attribute sind nicht weiter zerlegbar. Prinzipiell kann die Wahl der Namen der neuen Attribute beliebig getroffen werden, es ist aber sinnvoll, den Namen des strukturierten Attributs und den Bestandteil des strukturierten Attributs zu kombinieren. Ein Beispiel für eine Auflösung des strukturierten Attributs Name in seine atomaren Bestandteile wäre Name_Vorname und Name_Nachname.

4.2.1.3 Festlegung des Wertebereichs und der Nullwerte

Attribute sind durch einen bestimmten Wertebereich (Domain) gekennzeichnet. Beispiele für Wertebereiche sind Autowert (entspricht einer Ganzzahl mit dem Zahlenformat Long Integer), Zahl (Byte, Integer, Long Integer, Dezimal, Single, Double), Kurzer Text (mit bestimmter Länge), Langer Text, Datum/Uhrzeit (Datum kurz, Datum mittel, Datum lang), Ja/Nein.

Des Weiteren ist festzulegen, ob es sich um einwertige oder mehrwertige Attribute handelt und ob die Attribute optional sind oder nicht. Die in der dritten Spalte der Abb. 4.2 beschriebene (min, max)-Notation können benutzt werden, um Beziehungseinschränkungen zu spezifizieren, die auch als Multiplizitäten bezeichnet werden.

Einwertige Attribute haben einen Wert pro Entität, zum Beispiel hat die Kundin „Anja Maier" genau einen Namen und wohnt in genau einer Straße.

Mehrwertige Attribute haben mehrere Werte für ein Attribut pro Entität, d. h. es können beispielsweise bis zu drei Telefonnummern pro Kunde angegeben werden.

Optionale Attribute können Nullwerte annehmen, d. h., dass zum Beispiel das Geburtsdatum und die Telefonnummer für einen Kunden nicht angegeben werden müssen, aber angegeben werden können.

4.2.1.4 Überführung mehrwertiger Attribute in neue Relationen

Mehrwertige Attribute haben im klassischen relationalen Modell keine Entsprechung. Daher müssen die mehrwertigen Attribute in eigene Relationen ausgelagert werden. Wie die Abb. 4.3 zeigt, können Attribute, wie zum Beispiel die Telefonnummer, wie normale 1:MC-Beziehungen behandelt werden. Die Aufnahme der Fremdschlüssel (FS) wird im folgenden Abschnitt erklärt.

Attribut	Wertereich	Multiplizität	Sonstiges
- Kundennr	Autowert	[1..1]	NOT NULL
- Nachname	Kurzer Text (z.B. max. 30 Zeichen)	[1..1]	NOT NULL
∘ Vorname	Kurzer Text (z.B. max. 30 Zeichen)	[0..1]	
- Straße	Kurzer Text (z.B. max. 50 Zeichen)	[1..1]	NOT NULL
- Geburtstag	Datum	[1..1]	NOT NULL
∘ Telefon	Kurzer Text (z.B. max. 30 Zeichen)	[0..3]	

Abb. 4.2 Attribute der Relation Kunde

---

[1] Eventuell wird die Hausnummer der Straße auch noch in eine eigene Spalte geschrieben.

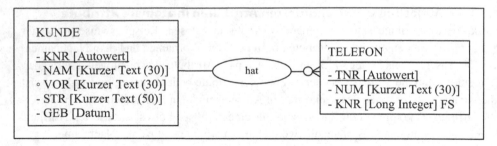

Abb. 4.3 Überführung des mehrwertigen Attributs Telefon in eine neue Relation

4.2.2 Überführung von Schlüsseln und Beziehungstypen

Da Beziehungstypen im relationalen Datenbankmodell nicht zur Verfügung gestellt werden, besteht nur die Möglichkeit, sie entweder als eigene Relation oder als Attribut in den logischen Datenbankentwurf aufzunehmen. Allerdings geht dadurch die explizite Darstellung, dass ein Entitätstyp in Beziehung mit einem anderen Entitätstyp steht, verloren. Grundsätzlich gilt, dass rekursive Beziehungen, d. h. Beziehungen einer Tabelle mit sich selbst sowie konditionelle und netzwerkförmige binäre Beziehungstypen wie zum Beispiel die Beziehung mit einer Kardinalität M:M, in ein eigenes Relationenschema transformiert werden müssen. Darüber hinaus müssen Beziehungstypen mit einem Grad größer als zwei, also Mehrfachbeziehungen, ebenfalls immer in ein eigenes Relationenschema transformiert werden. Dagegen können hierarchische Beziehungstypen, wie zum Beispiel die 1:1 oder 1:M Beziehungstypen, in bestehende Relationen eingebunden werden.

Die geltenden Primärschlüssel können entweder direkt aus dem ERM abgeleitet werden oder sie werden durch die bereits beschriebenen Techniken ermittelt. Dabei sind noch mal die Schlüsselkandidaten zu identifizieren und aus den Schlüsselkandidaten ist schließlich ein Primärschlüssel auszuwählen. Wenn kein entsprechender Schlüssel vorhanden ist, dann muss die Relation um einen Surrogatschlüssel (künstlichen Schlüssel) ergänzt werden. Ein Primärschlüssel wird durch Unterstreichung der Attributsbezeichnung als solcher kenntlich gemacht. Wie die folgenden Abschnitte zeigen werden, können weitere Attribute von Entitätstypen, mit denen Verbindungen bestehen, als Fremdschlüssel aufgenommen werden. Diese werden durch eine kursive Schrift dargestellt.

Bei der Mehrzahl aller Beziehungen handelt es sich um binäre Beziehungen zwischen zwei Entitätstypen. Sie werden in Abhängigkeit von der Kardinalität in das Relationenmodell überführt, wobei im ERM von Chen nur die Standardfälle, d. h. die 1:1 Beziehung, die 1:N Beziehung sowie die M:N Beziehung unterschieden werden. Im Precised ERM werden darüber hinaus noch optionale Beziehungen berücksichtigt. Im Folgenden wird am Beispiel des Precised ERM dargestellt, wie ein ER-Modell in ein Relationenmodell überführt werden kann.

Im Relationenmodell sind nur hierarchische Beziehungen (1:1, 1:C, 1:M, 1:MC) zwischen den Relationen erlaubt. Konditionelle und netzwerkförmige Beziehungen aus dem Entity-Relationship-Modell müssen umgewandelt (transformiert) werden [9].

Um zu zeigen, wie die Beziehungen zwischen Relationen über Schlüssel hergestellt werden können, müssen die Begriffe Primärschlüssel und Fremdschlüssel erklärt werden [9]:

- Ein Primärschlüssel wird häufig dem „Identifikationsschlüssel" aus dem Entity-Relationship-Modell gleichgesetzt. Dies ist aber nicht korrekt, denn der Primärschlüssel wird direkt in die Speicherorganisation einbezogen und ist somit dem physischen Datenmodell (Relationenmodell) zuzuordnen. In jeder Relation kann nur ein Primärschlüssel ausgewählt werden, der wiederum aus verschiedenen Schlüsselkandidaten bestimmt wird.
- Ein Fremdschlüssel in einer Relation 2 ist ein Attribut (oder eine Attributkombination), welches in einer Relation 1 den Primärschlüssel bildet. Ein Fremdschlüssel kann entweder Nullwerte oder nur diejenigen Attributwerte annehmen, welche bereits im Primärschlüssel der Relation 1 existieren. Er wird durch die Abkürzung FS (für Fremdschlüssel) hinter dem Attribut in der Tabelle gekennzeichnet.

Im Folgenden werden anhand der beiden folgenden Relationen Kunde (KNr, Name, Vorname) und Fahrrad (FNr, Bezeichnung, Kaufdatum) alle zehn Beziehungstypen zwischen Kunden, die Eigentümer eines Fahrrades sind, dargestellt.

4.2.2.1 Die 1:1-Beziehung

Eine 1:1-Beziehung, wie sie in Abb. 4.4 dargestellt wird, bedeutet, dass jeder Kunde genau ein Fahrrad hat und jedes Fahrrad genau einem Kunden gehört [9].

Um eine 1:1-Beziehung zwischen zwei Relationen im Relationenmodell darzustellen, muss nun, wie Abb. 4.5 zeigt, in eine der beiden Relationen der Primärschlüssel der anderen Relation als Fremdschlüssel eingefügt werden [9].

In diesem Fall wurde in die Relation Kunde der Fremdschlüssel FNr eingetragen. Dadurch wird klar, dass „Anja Maier" Eigentümerin des Fahrrades „Viale Gent" ist.

Abb. 4.4 1:1-Beziehung zwischen den Entitätstypen Kunde und Fahrrad im ERM

Kunde					Fahrrad		
KNr	Name	Vorname	FNr		FNr	Bezeichnung	Kaufdatum
1	Maier	Anja	2		1	Scale 70	23.02.2017
2	Bühler	Andreas	4		2	Viale Gent	14.01.2017
3	Deschner	Christian	1		3	Cycling S	19.07.2017
4	Endrikat	Marco	3		4	Cycling M	21.08.2017
5	Schmidt	Beate	5		5	Ghost Teru	05.10.2017

Abb. 4.5 1:1-Beziehung zwischen den Relationen Kunde und Fahrrad

KundeFahrrad				
KNr	Name	Vorname	Bezeichnung	Kaufdatum
1	Maier	Anja	Viale Gent	14.01.2017
2	Bühler	Andreas	Cycling M	21.08.2017
3	Deschner	Christian	Scale 70	19.07.2017
4	Endrikat	Marco	Cycling S	21.08.2017
5	Schmidt	Beate	Ghost Teru	05.10.2017

Abb. 4.6 Zusammengefasste Relation KundeFahrrad

Dadurch ergeben sich für die Relationen:

- Kunde (KNr, Name, Vorname, FNr)
- Fahrrad (FNr, Bezeichnung, Kaufdatum)

Darüber hinaus wäre es möglich, wie Abb. 4.6 zeigt, die beiden Relationen zu einer Relation KundeFahrrad zusammenzufassen, da zu jedem Tupel der Relation Kunde genau ein Tupel der Relation Fahrrad gehört.

4.2.2.2 Die 1:C
Eine 1:C-Beziehung, wie sie in Abb. 4.7 dargestellt wird, bedeutet, dass jeder Kunde entweder kein oder genau ein Fahrrad hat und jedes Fahrrad genau einem Kunden gehört [9].

Um eine 1:C-Beziehung zwischen den beiden Relationen im Relationenmodell darzustellen, muss der Primärschlüssel der Relation Kunde als Fremdschlüssel in der Relation Fahrrad aufgenommen werden [9].

Wie das Ergebnis der Abb. 4.8 zeigt, sind in der Relation Fahrrad nur noch Tupel vorhanden, die einen Bezug zur Relation Kunde haben. Der Kunde „Bühler" und die Kundin „Schmidt" haben kein Fahrrad, da in der Relation „Fahrrad" keine Tupel mit den entsprechenden Attributwerten 2 oder 5 im Fremdschlüssel vorhanden sind.

Dadurch ergeben sich für die Relationen:

- Kunde (KNr, Name, Vorname)
- Fahrrad (FNr, Bezeichnung, Kaufdatum, KNr)

Der Fremdschlüssel KNr in der Relation Fahrrad kann nur eindeutige Attributwerte annehmen, d. h. jeder Attributwert kann nur einmal in der Relation Fahrrad vorkommen. Somit besteht auch die Möglichkeit, den Fremdschlüssel KNr als Primärschlüssel in der Relation Fahrrad zu verwenden. Daraus würden die folgenden Relationen resultieren:

- Kunde (KNr, Name, Vorname)
- Fahrrad (FNr, KNr, Bezeichnung, Kaufdatum)

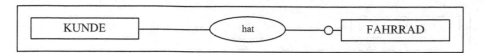

Abb. 4.7 1:C-Beziehung zwischen den Entitätstypen Kunde und Fahrrad im ERM

Kunde		
KNr	**Name**	**Vorname**
1	Maier	Anja
2	Bühler	Andreas
3	Deschner	Christian
4	Endrikat	Marco
5	Schmidt	Beate

Fahrrad			
FNr	**Bezeichnung**	**Kaufdatum**	**KNr**
1	Scale 70	23.02.2017	3
2	Viale Gent	14.01.2017	1
3	Cycling S	19.07.2017	4

Abb. 4.8 1:C-Beziehung zwischen zwei Relationen im Relationenmodell

Eine Übernahme des Primärschlüssels FNr als Fremdschlüssel in die Relation Kunde ist zu vermeiden, da sonst bei „Frau Schmidt" und „Herrn Bühler" keine Attribute im Fremdschlüssel stehen. Somit entstehen sogenannte Nullwerte. Nullwerte in Fremdschlüsselattributen sind unzulässig, da ein Nullwert nicht zum Wertebereich des korrespondierenden Primärschlüssels gehört.

4.2.2.3 Die 1:M-Beziehung

Eine 1:M-Beziehung, wie sie in Abb. 4.9 dargestellt wird, bedeutet, dass jedem Kunden entweder ein oder mehrere Fahrräder gehören und jedes Fahrrad genau einem Kunden gehört [9].

Wie in der Abb. 4.10 dargestellt, kann der Fremdschlüssel KNr in der Tabelle Fahrrad den gleichen Attributwert mehrmals annehmen.

In diesem Beispiel haben die Kundin „Maier" und der Kunde „Bühler" jeweils zwei Fahrräder und jedes Fahrrad gehört genau einem Kunden. Falls nun zwei verschiedene Personen zufälligerweise das gleiche Fahrrad haben, dann würde das zweite Fahrrad als neues Tupel mit einem neuen Primärschlüssel in die Tabelle Fahrrad eingefügt werden. Es handelt sich hierbei um zwei verschiedene Fahrräder, die zufälligerweise die gleichen Merkmale haben.

Dadurch ergeben sich für die Tabellen:

- Kunde (KNr, Name, Vorname)
- Fahrrad (FNr, Bezeichnung, Kaufdatum, KNr)

4.2.2.4 Die 1:MC-Beziehung

Eine 1:MC-Beziehung, wie sie in Abb. 4.11 dargestellt wird, bedeutet, dass jedem Kunden beliebig viele Fahrräder gehören (0, 1 oder mehr) und jedes Fahrrad genau zu einem Kunden gehört [9].

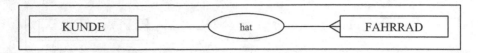

Abb. 4.9 1:M-Beziehung zwischen den Entitätstypen Kunde und Fahrrad im ERM

Kunde		
KNr	Name	Vorname
1	Maier	Anja
2	Bühler	Andreas
3	Deschner	Christian
4	Endrikat	Marco
5	Schmidt	Beate

Fahrrad			
FNr	Bezeichnung	Kaufdatum	KNr
1	Scale 70	23.02.2017	3
2	Viale Gent	14.01.2017	1
3	Cycling S	19.07.2017	4
4	Cycling M	21.08.2017	2
5	Ghost Teru	05.10.2017	5
6	Cycling L	18.11.2017	1
7	Giant S	30.11.2017	2

Abb. 4.10 1:M-Beziehung zwischen den Relationen Kunde und Fahrrad

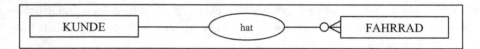

Abb. 4.11 1:MC-Beziehung zwischen den Entitätstypen Kunde und Fahrrad im ERM

Kunde		
KNr	Name	Vorname
1	Maier	Anja
2	Bühler	Andreas
3	Deschner	Christian
4	Endrikat	Marco
5	Schmidt	Beate

Fahrrad			
FNr	Bezeichnung	Kaufdatum	KNr
1	Scale 70	23.02.2017	3
2	Viale Gent	14.01.2017	1
3	Cycling S	19.07.2017	4
4	Cycling M	21.08.2017	2
5	Ghost Teru	05.10.2017	2
6	Cycling L	18.11.2017	1
7	Giant S	30.11.2017	2

Abb. 4.12 1:MC-Beziehung zwischen den Relationen Kunde und Fahrrad

Die 1:MC-Beziehung stellt eine Kombination der 1:M und 1:C-Beziehung dar. Wie in der Abb. 4.12 dargestellt, kann der Fremdschlüssel KNr in der Tabelle Fahrrad den gleichen Attributwert mehrmals annehmen. Es existieren aber nur solche Tupel, die einen Bezug zur Tabelle Kunde aufweisen. In der Tabelle Kunde können auch Tupel existieren, deren Primärschlüssel nicht im Fremdschlüssel KNr der Tabelle Fahrrad vorkommt.

In diesem Beispiel haben die Kundin „Maier" zwei und der Kunde „Bühler" drei Fahrräder. Frau „Schmidt" hat dagegen überhaupt kein Fahrrad.

Dadurch ergeben sich für die Tabellen:

- Kunde (KNr, Name, Vorname)
- Fahrrad (FNr, Bezeichnung, Kaufdatum, KNr)

Ein Fremdschlüssel FNr in der Tabelle Kunde würde schon, wie bei der 1:C-Beziehung, zu Nullwerten führen. Daher darf er nicht verwendet werden. Zusätzlich würden, wie bei der 1:M-Beziehung, Redundanzen in der Tabelle Kunde entstehen.

4.2.2.5 Die C:C-Beziehung

Eine C:C-Beziehung, wie sie in Abb. 4.13 dargestellt wird, bedeutet, dass jeder Kunde entweder kein oder genau ein Fahrrad hat und jedes Fahrrad entweder keinem oder genau einem Kunden gehört [9].

Ein erster Lösungsversuch könnte darin bestehen, einen Primärschlüssel der anderen Tabelle als Fremdschlüssel in die eigene Tabelle aufzunehmen. Wie die Abb. 4.14 zeigt, resultieren daraus zwangsläufig Nullwerte in den Fremdschlüsselattributen, was aber nicht erlaubt ist, da ein Nullwert nicht zum Wertebereich des korrespondierenden Primärschlüssels gehört. In der Praxis wird es dennoch teilweise durchgeführt.

Eine C:C-Beziehung muss oder sollte daher so umgewandelt werden, dass keine Nullwerte in den Fremdschlüsselattributen mehr vorkommen. Dies kann gemäß Abb. 4.15 dadurch erfolgen, dass eine C:C-Beziehung in zwei hierarchische 1:C-Beziehungen transformiert wird, wobei eine neue Entität Fahrradeigentümer im ERM geschaffen wird.

Um diese Beziehung zwischen den zwei Tabellen Kunde und Fahrrad im Relationenmodell darzustellen, müssen der Primärschlüssel der Tabelle Kunde und der Primärschlüssel der Tabelle Fahrrad als Fremdschlüssel in der Tabelle Fahrradeigentümer im

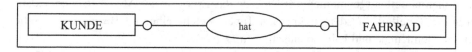

Abb. 4.13 C:C-Beziehung zwischen den Entitätstypen Kunde und Fahrrad im ERM

Kunde			
KNr	Name	Vorname	FNr
1	Maier	Anja	2
2	Bühler	Andreas	
3	Deschner	Christian	1
4	Endrikat	Marco	3
5	Schmidt	Beate	

Fahrrad			
FNr	Bezeichnung	Kaufdatum	KNr
1	Scale 70	23.02.2017	3
2	Viale Gent	14.01.2017	1
3	Cycling S	19.07.2017	4
4	Cycling M	20.08.2017	
5	Cycling L	30.08.2017	

Abb. 4.14 Fehlerhafter Lösungsversuch einer C:C-Beziehung zwischen den Relationen Kunde und Fahrrad

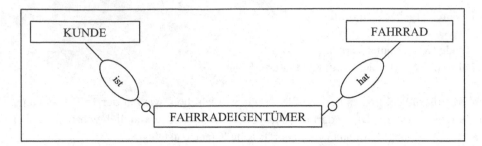

Abb. 4.15 Transformierte C:C-Beziehung zwischen den Entitätstypen Kunde und Fahrrad im ERM

Kunde		
KNr	Name	Vorname
1	Maier	Anja
2	Bühler	Andreas
3	Deschner	Christian
4	Endrikat	Marco
5	Schmidt	Beate

Fahrrad		
FNr	Bezeichnung	Kaufdatum
1	Scale 70	23.02.2017
2	Viale Gent	14.01.2017
3	Cycling S	19.07.2017
4	Cycling M	21.08.2017
5	Ghost Teru	05.10.2017

Fahrradeigentümer	
KNr	FNr
1	2
3	1
4	3

Abb. 4.16 Transformierte C:C-Beziehung zwischen den Relationen Kunde und Fahrrad

Relationenmodell aufgenommen werden. Wie das Ergebnis der Abb. 4.16 zeigt, existieren in der Tabelle Fahrradeigentümer nur Tupel, welche einer 1:1-Beziehung zwischen den Tabellen Kunde und Fahrrad entsprechen.

Der Primärschlüssel der Tabelle Fahrradeigentümer wird aus den Fremdschlüsseln KNr und FNr gebildet. Dabei ist zu beachten, dass jeder Attributwert der Attribute in der Tabelle Fahrradeigentümer nur höchstens einmal vorkommen darf, da jeder Kunde nur maximal ein Fahrrad hat und jedes Fahrrad zu höchstens einem Kunden gehört. Da in der Tabelle Fahrradeigentümer jeder Attributwert jeweils nur einmal vorkommt, könnte auch nur der Fremdschlüssel KNr oder FNr den Primärschlüssel der Tabelle Fahrradeigentümer bilden. Dadurch ergeben sich für die Tabellen:

- Kunde (KNr, Name, Vorname)
- Fahrrad (FNr, Bezeichnung, Kaufdatum)
- Fahrradeigentümer (KNr, FNr), oder: Fahrradeigentümer (FahrradeigentümerNr, KNr, FNr)

4.2.2.6   Die C:M-Beziehung

Eine C:M-Beziehung, wie sie in Abb. 4.17 dargestellt wird, bedeutet, dass jeder Kunde ein oder mehrere Fahrräder hat und jedes Fahrrad entweder keinem oder genau einem Kunden gehört [9].

Wie bereits bei der C:C-Beziehung gezeigt wurde, würden auch bei der C:M-Beziehung bei der einfachen Aufnahme des Fremdschlüssels KNr zwangsläufig Nullwerte in den Fremdschlüsselattributen resultieren, was aber nicht erlaubt ist, da ein Nullwert nicht zum Wertebereich des korrespondierenden Primärschlüssels gehört.

Eine C:M-Beziehung muss daher so umgewandelt werden, dass keine Nullwerte in den Fremdschlüsselattributen mehr vorkommen. Dies kann gemäß Abb. 4.18 durch eine Transformation erfolgen, indem der Entitätstyp Fahrradeigentümer eingefügt wird, so dass eine C:M-Beziehung zwischen Kunde und Fahrrad in eine 1:M-Beziehung zwischen Kunde und Fahrradeigentümer und in eine 1:C-Beziehung zwischen Fahrrad und Fahrradeigentümer aufgelöst wird.

Um diese Beziehung zwischen den zwei Tabellen Kunde und Fahrrad im Relationenmodell darzustellen, müssen der Primärschlüssel der Tabelle Kunde und der Primärschlüssel der Tabelle Fahrrad als Fremdschlüssel in der Tabelle Fahrradeigentümer im Relationenmodell aufgenommen werden. Wie aus der Tabelle Fahrradeigentümer des Beispiels der Abb. 4.19 hervorgeht, hat „Frau Maier" die beiden Fahrräder „Viale Gent" und „Cycling M". Das Fahrrad „Cycling S" gehört dagegen keinem Kunden.

Der Primärschlüssel der Tabelle Fahrradeigentümer kann alleine aus dem Fremdschlüssel FNr gebildet werden, da er nur einmal vorkommt. Dadurch ergeben sich für die Tabellen:

- Kunde (KNr, Name, Vorname)
- Fahrrad (FNr, Bezeichnung, Kaufdatum)
- Fahrradeigentümer (FNr, KNr), oder: Fahrradeigentümer (FahrradeigentümerNr, KNr, FNr).

Abb. 4.17 C:M-Beziehung zwischen den Entitätstypen Kunde und Fahrrad im ERM

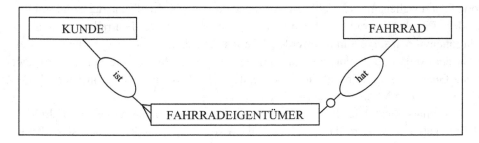

Abb. 4.18 Transformierte C:M-Beziehung zwischen den Entitätstypen Kunde und Fahrrad im ERM

Kunde		
KNr	Name	Vorname
1	Maier	Anja
2	Bühler	Andreas
3	Deschner	Christian

Fahrrad		
FNr	Bezeichnung	Kaufdatum
1	Scale 70	23.02.2017
2	Viale Gent	14.01.2017
3	Cycling S	19.07.2017
4	Cycling M	21.08.2017
5	Ghost Teru	05.10.2017

Fahrradeigentümer	
KNr	FNr
1	2
1	4
2	5
3	1

Abb. 4.19 Transformierte C:M-Beziehung zwischen zwei Tabellen im Relationenmodell

4.2.2.7 Die C:MC-Beziehung

Eine C:MC-Beziehung, wie sie in Abb. 4.20 dargestellt wird, bedeutet, dass jeder Kunde kein, ein oder mehrere Fahrräder hat und jedes Fahrrad entweder keinem oder genau einem Kunden gehört [9].

Wie bereits bei der C:C-Beziehung gezeigt wurde, würden auch bei der C:MC-Beziehung bei der einfachen Aufnahme des Fremdschlüssels KNr in die Tabelle Fahrrad zwangsläufig Nullwerte in den Fremdschlüsselattributen resultieren, was aber nicht erlaubt ist, da ein Nullwert nicht zum Wertebereich des korrespondierenden Primärschlüssels gehört.

Eine C:MC-Beziehung muss daher spätestens im Relationenmodell so umgewandelt werden, dass keine Nullwerte in den Fremdschlüsselattributen mehr vorkommen. Dies kann gemäß Abb. 4.21 durch eine Transformation erfolgen, indem der Entitätstyp Fahrradeigentümer eingefügt wird, so dass eine C:MC-Beziehung zwischen Kunde und Fahrrad in eine 1:MC-Beziehung zwischen Kunde und Fahrradeigentümer und in eine 1:C-Beziehung zwischen Fahrrad und Fahrradeigentümer aufgelöst wird.

Um diese Beziehung zwischen den zwei Tabellen Kunde und Fahrrad im Relationenmodell darzustellen, müssen der Primärschlüssel der Tabelle Kunde und der Primärschlüssel der Tabelle Fahrrad als Fremdschlüssel in der Tabelle Fahrradeigentümer im Relationenmodell aufgenommen werden. Wie aus der Tabelle Fahrradeigentümer des Beispiels der Abb. 4.22 hervorgeht, hat zum Beispiel „Frau Maier" die beiden Fahrräder „Viale Gent" und „Cycling S" und der Kunde „Herr Deschner" hat kein Fahrrad. Das Fahrrad „Cycling M" gehört dagegen keinem Kunden.

Der Primärschlüssel der Tabelle Fahrradeigentümer kann alleine aus dem Fremdschlüssel FNr gebildet werden, da er nur einmal vorkommt. Dadurch ergeben sich für die Tabellen:

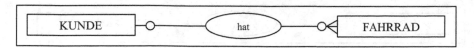

Abb. 4.20 C:MC-Beziehung zwischen den Entitätstypen Kunde und Fahrrad im ERM

Abb. 4.21 Transformierte C:MC-Beziehung zwischen den Entitätstypen Kunde und Fahrrad im ERM

Kunde		
KNr	**Name**	**Vorname**
1	Maier	Anja
2	Bühler	Andreas
3	Deschner	Christian

Fahrrad		
FNr	**Bezeichnung**	**Kaufdatum**
1	Scale 70	23.02.2017
2	Viale Gent	14.01.2017
3	Cycling S	19.07.2017
4	Cycling M	21.08.2017

Fahrradeigentümer	
KNr	**FNr**
1	2
1	3
2	1

Abb. 4.22 Transformierte C:MC-Beziehung zwischen zwei Relationen im Relationenmodell

- Kunde (KNr, Name, Vorname)
- Fahrrad (FNr, Bezeichnung, Kaufdatum)
- Fahrradeigentümer (FNr, KNr), oder: Fahrradeigentümer (FahrradeigentümerNr, KNr, FNr).

4.2.2.8 Die M:M-Beziehung

Eine M:M-Beziehung, wie sie in Abb. 4.23 dargestellt wird, bedeutet, dass jeder Kunde mindestens ein Fahrrad hat und jedes Fahrrad mindestens einem Kunden gehört [9].

Eine M:M-Beziehung kann ohne eine Hilfstabelle nicht abgebildet werden. Wenn bei einer M:M-Beziehung zum Beispiel der Primärschlüssel zum Beispiel der Tabelle Fahrrad, wie in der Abb. 4.24 dargestellt, als Fremdschlüssel in der Tabelle Kunde aufgenommen werden würde, dann wären Redundanzen durch Mehrfacheinträge das Ergebnis.

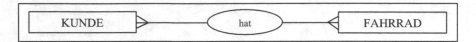

Abb. 4.23 M:M-Beziehung zwischen den Entitätstypen Kunde und Fahrrad im ERM

Kunde			
KNr	Name	Vorname	FNr
1	Maier	Anja	2
2	Bühler	Andreas	4
3	Deschner	Christian	1
4	Endrikat	Marco	3
5	Schmidt	Beate	5
1	Maier	Anja	3
2	Bühler	Andreas	5

Fahrrad		
FNr	Bezeichnung	Kaufdatum
1	Scale 70	23.02.2017
2	Viale Gent	14.01.2017
3	Cycling S	19.07.2017
4	Cycling M	21.08.2017
5	Ghost Teru	05.10.2017

Abb. 4.24 Fehlerhafter Lösungsversuch einer M:M-Beziehung zwischen zwei Relationen im Relationenmodell

Dadurch würde sich das Problem ergeben, dass der Primärschlüssel nicht eindeutig ist, da die gleichen Attributwerte in der Tabelle mehrmals vorkommen und die Datenkonsistenz dadurch gefährdet wäre. Im angegebenen Beispiel haben „Frau Maier" und „Herr Endrikat" sowie „Frau Schmidt" und „Herr Bühler" ein gemeinsames Fahrrad.

Eine M:M-Beziehung muss daher im ERM oder spätestens im Relationenmodell, wie in der Abb. 4.25 dargestellt, so transformiert werden, dass keine Redundanzen durch Mehrfacheinträge resultieren. Dies kann wiederum durch eine Transformation erfolgen, indem der Entitätstyp Fahrradeigentümer eingefügt wird, so dass eine M:M-Beziehung zwischen Kunde und Fahrrad in zwei 1:M-Beziehungen zwischen Kunde und Fahrradeigentümer sowie zwischen Fahrrad und Fahrradeigentümer aufgelöst wird.

Um diese Beziehung zwischen den zwei Tabellen Kunde und Fahrrad im Relationenmodell darzustellen, müssen, wie Abb. 4.26 zeigt, der Primärschlüssel der Tabelle Kunde und der Primärschlüssel der Tabelle Fahrrad als Fremdschlüssel in der Tabelle Fahrradeigentümer aufgenommen werden.

Bei der M:M-Beziehung können nun in beiden Fremdschlüsseln der Tabelle Fahrradeigentümer die gleichen Attributwerte mehrmals vorkommen. Lediglich die Attributkombination der beiden Fremdschlüsselwerte muss eindeutig sein. Die Kombination aus KNr = 1 und FNr = 3 darf also nur einmal vorkommen. Der Primärschlüssel der Tabelle Fahrradeigentümer kann somit nur aus der Kombination der beiden Fremdschlüssel FNr und KNr gebildet werden, da er nur einmal vorkommt. Dadurch ergeben sich für die Tabellen:

- Kunde (KNr, Name, Vorname),
- Fahrrad (FNr, Bezeichnung, Kaufdatum),
- Fahrradeigentümer (FNr, KNr), oder: Fahrradeigentümer (FahrradeigentümerNr, KNr, FNr).

Abb. 4.25 Transformierte M:M-Beziehung zwischen den Entitätstypen Kunde und Fahrrad im ERM

Kunde		
KNr	**Name**	**Vorname**
1	Maier	Anja
2	Bühler	Andreas
3	Deschner	Christian
4	Endrikat	Marco
5	Schmidt	Beate

Fahrrad		
FNr	**Bezeichnung**	**Kaufdatum**
1	Scale 70	23.02.2017
2	Viale Gent	14.01.2017
3	Cycling S	19.07.2017
4	Cycling M	21.08.2017
5	Ghost Teru	05.10.2017

Fahrradeigentümer	
KNr	**FNr**
1	1
1	3
2	4
2	5
3	1
4	3
5	5

Abb. 4.26 Transformierte M:M-Beziehung zwischen zwei Tabellen im Relationenmodell

4.2.2.9 Die M:MC-Beziehung

Eine M:MC-Beziehung, wie sie in Abb. 4.27 dargestellt wird, bedeutet, dass jeder Kunde kein, ein oder mehrere Fahrräder hat und jedes Fahrrad entweder einem oder mehreren Kunden gehört [9].

Die M:MC-Beziehung erzwingt wie die M:M-Beziehung Redundanzen durch Mehrfacheinträge. Damit ergibt sich das Problem, dass die Primärschlüssel nicht eindeutig sind. Daher muss eine M:MC-Beziehung spätestens im Relationenmodell umgewandelt werden. Dies kann gemäß Abb. 4.28 durch eine Transformation erfolgen, indem der Entitätstyp Fahrradeigentümer eingefügt wird, so dass eine M:MC-Beziehung zwischen Kunde und Fahrrad in eine 1-MC-Beziehung zwischen Kunde und Fahrradeigentümer und in eine 1:M-Beziehung zwischen Fahrrad und Fahrradeigentümer aufgelöst wird.

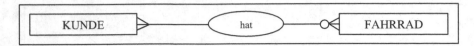

Abb. 4.27 M:MC-Beziehung zwischen den Entitätstypen Kunde und Fahrrad im ERM

Abb. 4.28 Transformierte M:MC-Beziehung zwischen den Entitätstypen Kunde und Fahrrad im ERM

Kunde		
KNr	**Name**	**Vorname**
1	Maier	Anja
2	Bühler	Andreas
3	Deschner	Christian
4	Endrikat	Marco

Fahrrad		
FNr	**Bezeichnung**	**Kaufdatum**
1	Scale 70	23.02.2017
2	Viale Gent	14.01.2017
3	Cycling S	19.07.2017

Fahrradeigentümer	
KNr	**FNr**
1	2
1	3
2	1
3	1
3	2

Abb. 4.29 Transformierte M:MC-Beziehung zwischen zwei Tabellen im Relationenmodell

Um diese Beziehung zwischen den zwei Tabellen Kunde und Fahrrad im Relationenmodell darzustellen, müssen der Primärschlüssel der Tabelle Kunde und der Primärschlüssel der Tabelle Fahrrad als Fremdschlüssel in der Tabelle Fahrradeigentümer im Relationenmodell aufgenommen werden. Wie aus der Tabelle Fahrradeigentümer des Beispiels der Abb. 4.29 hervorgeht, gehören zum Beispiel „Frau Maier" die beiden Fahrräder „Viale Gent" und „Cycling S", „Herrn Bühler" nur das Fahrrad „Scale 70" und „Herrn Endrikat" kein Fahrrad. Dagegen gibt es kein Fahrrad, das nicht mindestens einem Kunden gehört.

Der Primärschlüssel der Tabelle Fahrradeigentümer wird aus den Fremdschlüsseln FNr und KNr gebildet. Dadurch ergeben sich für die Tabellen:

- Kunde (KNr, Name, Vorname)
- Fahrrad (FNr, Bezeichnung, Kaufdatum)
- Fahrradeigentümer (FNr, KNr), oder: Fahrradeigentümer (FahrradeigentümerNr, KNr, FNr).

4.2.2.10   Die MC:MC-Beziehung

Eine MC:MC-Beziehung, wie sie in Abb. 4.30 dargestellt wird, bedeutet, dass jeder Kunde kein, ein oder mehrere Fahrräder hat und jedes Fahrrad entweder keinem, einem oder mehreren Kunden gehört [9].

Die MC:MC-Beziehung erzwingt ähnlich wie die M:M-Beziehung Redundanzen durch Mehrfacheinträge. Damit ergibt sich das Problem, dass die Primärschlüssel nicht eindeutig sind. Daher muss eine MC:MC-Beziehung spätestens im Relationenmodell umgewandelt werden. Dies kann gemäß Abb. 4.31 durch eine Transformation erfolgen, indem der Entitätstyp Fahrradeigentümer eingefügt wird, so dass eine MC:MC-Beziehung zwischen Kunde und Fahrrad in eine 1:MC-Beziehung zwischen Kunde und Fahrradeigentümer und in eine 1:MC-Beziehung zwischen Fahrrad und Fahrradeigentümer aufgelöst wird.

Um diese Beziehung zwischen den zwei Tabellen Kunde und Fahrrad im Relationenmodell darzustellen, müssen der Primärschlüssel der Tabelle Kunde und der Primärschlüssel der Tabelle Fahrrad als Fremdschlüssel in der Tabelle Fahrradeigentümer im Relationenmodell aufgenommen werden. Wie aus der Tabelle Fahrradeigentümer des Beispiels der Abb. 4.32 hervorgeht, gehören zum Beispiel „Frau Maier" die beiden Fahrräder „Viale Gent" und „Scale 70", „Herrn Bühler" nur das Fahrrad „Scale 70" und „Herrn Endrikat" kein Fahrrad. Das Fahrrad „Scale 70" gehört „Frau Maier", „Herrn Bühler" sowie „Herrn Deschner", das Fahrrad „Viale Gent" gehört nur „Frau Maier" und das Fahrrad „Cycling S" gehört keinem Kunden.

Abb. 4.30 MC:MC-Beziehung zwischen den Entitätstypen Kunde und Fahrrad im ERM

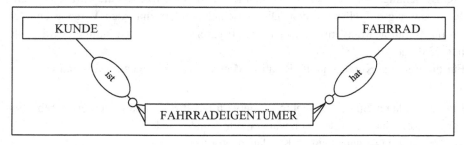

Abb. 4.31 Transformierte MC:MC-Beziehung zwischen den Entitätstypen Kunde und Fahrrad im ERM

Kunde		
KNr	Name	Vorname
1	Maier	Anja
2	Bühler	Andreas
3	Deschner	Christian
4	Endrikat	Marco

Fahrrad		
FNr	Bezeichnung	Kaufdatum
1	Scale 70	23.02.2017
2	Viale Gent	14.01.2017
3	Cycling S	19.07.2017

Fahrradeigentümer	
KNr	FNr
1	2
1	1
2	1
3	1

Abb. 4.32 Transformierte MC:MC-Beziehung zwischen zwei Relationen im Relationenmodell

Der Primärschlüssel der Tabelle „Fahrradeigentümer" wird aus den Fremdschlüsseln FNr und KNr gebildet. Dadurch ergeben sich für die Tabellen:

- Kunde (KNr, Name, Vorname)
- Fahrrad (FNr, Bezeichnung, Kaufdatum)
- Fahrradeigentümer (KNr, FNr)

4.2.3 Überführung eines Precised ERM in ein Relationenmodell

Im Folgenden wird das verfeinerte Precised ERM aus dem Eingangsbeispiel der Fahrrad-vermietung Müller GmbH der Abb. 3.16 in ein Relationenmodell transformiert. Wenn eine M:MC-Beziehung zwischen zwei Relationen vorliegt, dann ist eine Überkreuzverknüp-fung gegeben und eine eindeutige Zuordnung nicht mehr möglich. Daher muss die M:MC-Beziehung zwischen den Relationen Kunde und Fahrrad in eine 1:M- und in eine 1:MC-Beziehung aufgelöst werden. Dies geschieht, indem man den Vorgang „mietet" durch die Relation Mietvertrag ersetzt. Das Ergebnis dieser Umwandlung wird in der Abb. 4.33 dargestellt.

Für die Relation Kunde und die Relation Mietvertrag gilt folgende Beziehung:

- Ein Kunde kann einen oder mehrere Mietverträge abschließen (wenn er keinen Miet-vertrag abschließen würde, dann wäre er kein Kunde) und
- ein Mietvertrag ist genau einem Kunden zugeordnet.

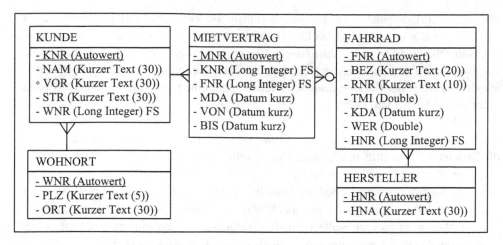

Abb. 4.33 Relationenmodell nach Umwandlung des Beziehungstyps mietet in die Relation Mietvertrag

Für die Relation Fahrrad und die Relation Mietvertrag gilt:

- Ein Fahrrad kann sich auf kein, ein oder mehrere Mietverträge beziehen (oder ein Fahrrad kann Gegenstand mehrerer Mietverträge sein) und
- ein Mietvertrag bezieht sich auf genau ein Fahrrad (oder in einem Mietvertrag ist genau ein Fahrrad notiert).

Für die Relation Wohnort und die Relation Kunde gilt folgende Beziehung:

- Ein Kunde wohnt in genau einem Wohnort bzw. ein Kunde hat genau einen Hauptwohnsitz und
- in einem Wohnort können ein oder mehrere Kunden wohnen.

Für die Relation Hersteller und die Relation Fahrrad gilt folgende Beziehung:

- Ein Hersteller kann ein oder mehrere Fahrräder liefern und
- ein Fahrrad wird von genau einem Hersteller geliefert.

4.3 Normalformen

Bevor mit Hilfe von Abfragen Informationen aus den Tabellen einer Datenbank gewonnen werden, muss zunächst dafür gesorgt werden, dass die gespeicherten Werte fehler- und redundanzfrei sind. Diese beiden Ziele hängen eng miteinander zusammen. Redundanz, also die Mehrfachspeicherung ein und derselben Information, führt bei notwendigen Änderungen häufig zu Fehlern im Datenbestand, da mit einer Vielzahl von Änderungen die Wahrscheinlichkeit steigt, dass falsche Werte eingegeben oder dass bestimmte Werte überhaupt nicht geändert werden [1]. Abgesehen von sehr einfach aufgebauten Datenbeständen kann bei der Bildung geeigneter Tabellen auf eine methodische Vorgehensweise nicht verzichtet werden.

Bei der Normalisierung werden die Daten eines Datenbankschemas derart aufgeteilt, dass sie am Ende den Normalisierungsregeln entsprechen [1]. Das Ziel besteht dabei darin, die Redundanzen zu eliminieren und ein verständliches und pflegeleichtes Datenmodell zu erreichen. Darüber hinaus sollen Änderungs-, Einfüge- und Löschanomalien beseitigt werden. Eine Änderungsanomalie bedeutet, dass bei Änderungen der gleiche Wert an mehreren Stellen geändert werden muss, unter einer Einfügeanomalie versteht man, dass bereits vorhandene Daten an anderer Stelle wiederholt eingefügt werden müssen und unter einer Löschanomalie, dass Daten an mehreren Stellen gelöscht werden müssen.

Ein gutes Datenbankschema zeichnet sich durch die folgenden Merkmale aus:

- Leichte Handhabbarkeit,
- wenig Redundanzen und
- eine große Übersichtlichkeit.

Dagegen weist ein schlechtes Datenbankschema die folgenden Eigenschaften aus:

- Redundanzen, die den Speicherplatz unnötig belasten,
- Änderungsanomalien,
- Einfügeanomalien,
- Löschanomalien,
- hohe Fehleranfälligkeit, da bei Änderungen von redundanten Daten oftmals nicht alle auf den gleichen Stand gebracht werden.

Die Theorie der Normalisierung, die durch E.F. Codd im Jahre 1970 begründet worden ist, besteht aus drei Normalformen. In den Folgejahren kam mit der Boyce-Codd-Normalform eine zweite Version zur dritten Normalform hinzu sowie eine vierte und fünfte Normalform, die in der Praxis aber nur eine untergeordnete Rolle spielen. Daher werden die fünfte Normalform in diesem Abschnitt auch nicht behandelt und die vierte Normalform und die Boyce-Codd-Normalform nur kurz beschrieben. Die Normalisierung ist ein Teil der Überführung des konzeptionellen Datenbankschemas in das logische Datenbankschema.

Für ein Relationenschema gilt, dass eine Normalform die nächst niedrigere impliziert. Der Zusammenhang lässt sich wie folgt darstellen [1]:

4. NF => BCNF => 3. NF => 2. NF => 1. NF.

Wenn ein Relationenschema keiner Normalform genügt, dann wird sie als unnormalisiert (0 NF) bezeichnet und wenn eine Relation in nicht normalisierter Form vorliegt, dann muss der Datenbankbenutzer mit Redundanzen umgehen, die unkontrolliert entstanden sind und nicht vom DBMS überwacht werden können. Zur Beseitigung von Anomalien müssen in der Regel mehrere Normalisierungsstufen durchlaufen werden.

Als Ausgangssituation soll die unnormalisierte Relation Artikellieferung in Abb. 4.34 dienen.

Funktionale Abhängigkeiten sind die bedeutsamsten Kriterien zur Definition von Relationenschemata.

▶ Eine funktionale Abhängigkeit in Bezug auf zwei Attributmengen X und Y einer Relation liegt dann vor, wenn der Attributwert von X den Attributwert Y festlegt. Y ist funktional abhängig von X: $X \Rightarrow Y$ [1].

Bei einer funktionalen Abhängigkeit stimmen alle Tupel, deren Werte in X übereinstimmen, auch in Y überein. X wird in diesem Fall auch als Determinante von Y bezeichnet.

In der Relation Artikellieferung gelten beispielsweise die folgenden funktionalen Abhängigkeiten:

- ArtNr => {Bezeichnung, Beschreibung},
- LiefNr => {Name, Adresse},
- {ArtNr, LiefNr} => {Menge, Preis}.

Die funktionale Abhängigkeit ArtNr => {Menge, Preis} gilt nicht, da ein Artikel zu verschiedenen Mengen und Preisen bestellt werden kann.

▶ Eine funktionale Abhängigkeit {X1, X2} => Y wird als volle funktionale Abhängigkeit bezeichnet, wenn Y nicht von X1 oder von X2, also einem Teil der Determinante, abhängig ist [1].

Beispielsweise ist die funktionale Abhängigkeit ArtNr => {Bezeichnung, Beschreibung} gleichzeitig auch eine volle funktionale Abhängigkeit, da der Schlüssel nicht zusammengesetzt ist. Ebenso stellt die funktionale Abhängigkeit {ArtNr, LiefNr} => {Menge, Preis} eine volle funktionale Abhängigkeit dar. Dagegen handelt es sich bei der funktionalen Abhängigkeit {ArtNr, LiefNr} => {Bezeichnung} um keine funktionale Abhängigkeit, da gilt: ArtNr => {Bezeichnung}.

Artikellieferung							
ArtNr	Bezeichnung	Beschreibung	LiefNr	Name	Adresse	Menge	Preis
2000	Cycling	Mountainbike	L1	Schulze KG	12207, Berlin	100	1.035
3000	Giant Anyroad	Rennrad	L1, L2	Schulze KG, Koch GmbH	12207, Berlin, 65000, Köln,	100, 120	875, 850
5000	Ghost Teru	e-bike	L1, L2	Schulze KG, Koch GmbH	12207, Berlin, 65000, Köln,	20, 5	2.015, 2.074

Abb. 4.34 Unnormalisierte Relation Artikellieferung

4.3.1 Die erste Normalform

Die erste Normalform ist die Forderung, für einzelne Attribute keine zusammengesetzten Datentypen, sondern nur atomare Attributwerte zu erlauben [1]. Atomare Attributwerte sind nicht teilbar und liegen in Form der Standardtypen INTEGER etc. vor. Sogenannte Wiederholungsgruppen sind ebenfalls nicht erlaubt. Falls sie auftreten, so sind sie auf Tupel aufzuteilen oder in eine eigenständige Relation auszulagern.

▶ Eine Relation R befindet sich in der ersten Normalform (1. NF), wenn sie ausschließlich atomare Attributwerte enthält, wobei auch Nullwerte zulässig sind [1].

Wie Abb. 4.35 zeigt, ist in der Relation Artikellieferung das Attribut Anschrift nicht atomar. Dieses Problem kann gelöst werden, indem das Attribut Anschrift in die Attribute PLZ und Ort aufgeteilt wird. Die Wiederholungsgruppen der Attribute LiefNr, Name, PLZ, Ort, Menge und Preis lassen sich auflösen, indem für jede Artikel-Lieferant-Zuordnung ein Tupel gebildet wird.

    Die Relation Artikellieferung enthält in der ersten Normalform nur noch atomare Attributwerte, aber viele Redundanzen, die durch weitere Normalformen eliminiert werden müssen.

4.3.2 Die zweite Normalform

In der zweiten Normalform werden die funktionellen Abhängigkeiten der Attribute betrachtet. Dabei müssen alle Nichtschlüsselattribute voll funktional abhängig von jedem Schlüsselkandidaten sein [1].

▶ Eine Relation R befindet sich in der zweiten Normalform (2. NF), wenn sie sich in der ersten Normalform befindet und jedes Nichtschlüsselattribut vom Schlüssel voll funktional abhängig ist [1].

Wenn Nichtschlüsselattribute von einem Teil eines Schlüssels funktional abhängig sind, so sind diese in eine eigene Relation auszulagern. Dabei wird der Teil des Schlüssels, von dem die Nichtschlüsselattribute voll funktional abhängig sind, in die neue Relation kopiert.

Artikellieferung								
ArtNr	Bezeichnung	Beschreibung	LiefNr	Name	PLZ	Ort	Menge	Preis
2000	Cycling	Mountainbike	L1	Schulze KG	12207	Berlin	100	1.035
3000	Giant Anyroad	Rennrad	L1	Schulze KG	12207	Berlin	100	875
3000	Giant Anyroad	Rennrad	L2	Koch GmbH	65000	Köln	120	850
5000	Ghost Teru	e-bike	L1	Schulze KG	12207	Berlin	20	2.015
5000	Ghost Teru	e-bike	L2	Koch GmbH	65000	Köln	5	2.074

Abb. 4.35 Relation Artikellieferung in ersten Normalform

Abb. 4.36 Relationen Artikel, Lieferant und Lieferung in zweiten Normalform

Artikel		
ArtNr	Bezeichnung	Beschreibung
2000	Cycling	Mountainbike
3000	Giant Anyroad	Rennrad
5000	Ghost Teru	e-bike

Lieferant			
LiefNr	Name	PLZ	Ort
L1	Schulze KG	12207	Berlin
L2	Koch GmbH	65000	Köln

Lieferung			
ArtNr	LiefNr	Menge	Preis
2000	L1	100	1.035
3000	L1	100	875
3000	L2	120	850
5000	L1	20	2.015
5000	L2	5	2.074

Die Relation Artikellieferung in der ersten Normalform enthält die folgenden vollen funktionalen Abhängigkeiten:

- ArtNr => {Bezeichnung, Beschreibung}
- LiefNr => {Name, PLZ, Ort}
- {LiefNr, ArtNr} => {Menge, Preis}

Die Attribute Bezeichnung und Beschreibung, die nur von der ArtNr voll funktional abhängig sind, müssen in eine eigene Relation ausgelagert werden. Dabei wird die ArtNr in die neue Relation als Kopie aufgenommen. Die Attribute Name, PLZ und Ort, die nur von der LiefNr voll funktional abhängig sind, müssen ebenfalls mit einer Kopie der LiefNr in eine neue Relation ausgelagert werden. Es ergeben sich in der zweiten Normalform gemäß Abb. 4.36 die folgenden Relationen mit Attributen:

- Artikel (ArtNr, Bezeichnung, Beschreibung),
- Lieferant (LiefNr, Name, PLZ, Ort)
- Lieferung (ArtNr, LiefNr, Menge, Preis).

Möglich wäre auch hier und im Folgenden die LieferungNr als künstlichen Primärschlüssel einzufügen und die ArtNr und LiefNr als Fremdschlüssel zu behandeln.

4.3.3 Die dritte Normalform

In der dritten Normalform werden die funktionalen Abhängigkeiten zwischen Nichtschlüsselattributen analysiert und in Schlüsselabhängigkeiten umgeformt. In der zweiten Normalform sind alle Nichtschlüsselattribute voll funktional abhängig von einem Schlüssel. Wenn darüber hinaus eine funktionale Abhängigkeit zwischen den Nichtschlüsselattributen Y => Z existiert, so resultiert daraus für das abhängige Attribut Z eine transitive Abhängigkeit von Schlüsselattribut X: X => Y => Z. Dies kann zu Anomalien führen, da XY-Wertepaare mehrfach gespeichert werden können. Die dritte Normalform eliminiert die durch solche transitiven Abhängigkeiten hervorgerufenen Redundanzen [1].

▶ Eine Relation R befindet sich in der dritten Normalform (3. NF), wenn sie sich in der zweiten Normalform befindet und keine transitiven Abhängigkeiten der Nichtschlüsselattribute existieren [1].

Nichtschlüsselattribute, die transitiv von einem Schlüssel abhängig sind, werden in eine eigene Relation ausgelagert. Dabei wird in die neue Relation das Nichtschlüsselattribut Y kopiert, das die Schlüsselfunktion für Z übernimmt.

In der zweiten Normalform existiert eine weitere funktionale Abhängigkeit zwischen dem Nichtschlüsselattribut PLZ und dem Nichtschlüsselattribut Ort. Es gilt: PLZ => Ort und somit die transitive Abhängigkeit: LiefNr => PLZ => Ort. Die Abhängigkeit der Nichtschlüsselattribute wird aufgelöst, indem das Attribut Ort in eine eigene Relation ausgelagert wird. Dabei wird die PLZ in die neue Relation als Kopie aufgenommen. Es ergeben sich in der dritten Normalform gemäß Abb. 4.37 die folgenden Relationen mit Attributen:

Abb. 4.37 Relationen Artikel, Lieferant, Adresse und Lieferung in dritten Normalform

Artikel		
ArtNr	Bezeichnung	Beschreibung
2000	Cycling	Mountainbike
3000	Giant Anyroad	Rennrad
5000	Ghost Teru	e-bike

Lieferant		
LiefNr	Name	PLZ
L1	Schulze KG	12207
L2	Koch GmbH	65000

Adresse	
PLZ	Ort
12207	Berlin
65000	Köln

Lieferung			
ArtNr	LiefNr	Menge	Preis
2000	L1	100	1.035
3000	L1	100	875
3000	L2	120	850
5000	L1	20	2.015
5000	L2	5	2.074

- Artikel (ArtNr, Bezeichnung, Beschreibung),
- Lieferant (LiefNr, Name, PLZ)
- Adresse (PLZ, Ort), möglich wäre hier die AdressNr als künstlichen Primärschlüssel aufzunehmen, da sich PLZ ändern können.
- Lieferung (LiefNr, ArtNr, Menge, Preis).

Aus einer unnormalisierten Relation sind damit vier normalisierte Relationen entstanden, wobei Anomalien hier nicht mehr auftreten. Da sich Postleitzahlenbereiche auch ändern können, wäre es sinnvoll, in der Tabelle Adresse noch einen künstlichen Primärschlüssel, wie zum Beispiel eine Adressnummer, einzuführen.

4.3.4 Boyce-Codd-Normalform

Die ersten drei Normalformen decken in der Regel die häufigsten Probleme ab, die bei einem Datenmodell auftreten können. Daher werden die weiteren Normalformen nur kurz erwähnt.

Bis zur dritten Normalform wurden Redundanzen bei Nichtschlüsselattributen beseitigt. Es können aber auch Redundanzen innerhalb von Schlüsseln auftreten, die nicht erkannt werden und zu ähnlichen Anomalien führen. Die Boyce-Codd-Normalform stellt eine Verschärfung der dritten Normalform dar, indem sie transitive Abhängigkeiten innerhalb der Schlüsselattribute analysiert und behandelt [1].

▶ Eine Relation befindet sich in der Boyce-Codd-Normalform (BCNF), wenn sie sich in der dritten Normalform befindet und keine transitiven Abhängigkeiten der Schlüsselattribute existieren, d. h. jede Determinante ist ein Schlüsselkandidat [1].

▶ Alternativ: Eine Relation weist in der Boyce-Codd-Normalform keine Teilschlüssel-Abhängigkeiten auf.

Attribute, die Teil eines Schlüsselkandidaten sind, werden als Schlüsselattribute bezeichnet. Transitive Abhängigkeiten der Schlüsselattribute können beseitigt werden, indem das abhängige Attribut in eine neue Relation ausgelagert wird. In die neue Relation wird das Schlüsselattribut kopiert, von dem es direkt abhängig ist (Determinante).

Als Beispiel wird die Relation Adresse in die Relation AdresseLand erweitert:

AdresseLand (PLZ, Ort, Bundesland, Hauptstadt)

In der Relation AdresseLand der Abb. 4.38 bestehen die funktionalen Abhängigkeiten:

In der Relation AdresseLand sind lediglich die Determinanten PLZ, {Ort, Bundesland} und {Ort, Hauptstadt} Schlüsselkandidaten. Die Determinanten Bundesland und Hauptstadt sind es dagegen nicht. Die Relation AdresseLand befindet sich zwar in der dritten Normalform, es sind aber Redundanzen hinsichtlich der Attribute Hauptstadt und Bundesland vorhanden. Die

Determinante		Funktional abhängige Attribute
PLZ	=>	{Ort, Bundesland, Hauptstadt}
Bundesland	=>	Hauptstadt
Hauptstadt	=>	Bundesland
{Ort, Bundesland}	=>	PLZ
{Ort, Hauptstadt}^	=>	PLZ

Abb. 4.38 Relation AdresseLand

Abb. 4.39 Relationen Artikel, Lieferant, Adresse, Land und Lieferung in Boyce-Codd-Normalform

Artikel		
ArtNr	Bezeichnung	Beschreibung
2000	Cycling	Mountainbike
3000	Giant Anyroad	Rennrad
5000	Ghost Teru	e-bike

Lieferant		
LiefNr	Name	PLZ
L1	Schulze KG	12207
L2	Koch GmbH	65000

Adresse		
PLZ	Ort	Bundesland
12207	Berlin	Berlin
65000	Köln	NRW

Land	
Bundesland	Hauptstadt
Berlin	Berlin
NRW	Düsseldorf

Lieferung			
ArtNr	LiefNr	Menge	Preis
2000	L1	100	1.035
3000	L1	100	875
3000	L2	120	850
5000	L1	20	2.015
5000	L2	5	2.074

transitive Abhängigkeit zwischen zum Beispiel PLZ => Bundesland => Hauptstadt kann eliminiert werden, indem das Attribut Hauptstadt ausgelagert und das Attribut Bundesland in diese Relation als Schlüssel kopiert wird. Es ergeben sich in der Boyce-Codd-Normalform gemäß Abb. 4.39 die folgenden Relationen mit Attributen:

- Artikel (ArtNr, Bezeichnung, Beschreibung),
- Lieferant (LiefNr, PLZ)
- Adresse (PLZ, Ort, Bundesland)
- Land (Bundesland, Hauptstadt)
- Lieferung (LiefNr, ArtNr, Menge, Preis).

4.3.5 Die vierte Normalform

Die vierte und fünfte Normalform beschäftigen sich mit mehrwertigen Abhängigkeiten [1]. Auf die fünfte Normalform wird im Folgenden nicht weiter eingegangen, da sie für die Praxis relativ unbedeutend ist.

Wenn in einer Relation zwei voneinander verschiedene mehrwertige Abhängigkeiten auftreten, dann treten dadurch Redundanzen auf und die mehrwertigen Abhängigkeiten werden so in zwei Relationen zerlegt, dass beide jeweils ein mehrwertig abhängiges Attribut mit einem Schlüssel enthalten.

▶ Eine Relation befindet sich in der vierten Normalform (4. NF), wenn sie sich in der Boyce-Codd-Normalform befindet und wenn sie keine paarweise unabhängigen mehrwertigen Abhängigkeiten zwischen ihren Attributen enthält. Es dürfen somit in einer Relation keine mehrwertigen Abhängigkeiten vorhanden sein, die thematisch nichts miteinander zu tun haben [1].

Wenn beispielsweise die Relation Lieferung der Boyce-Codd-Normalform in Artikellieferung (ArtNr, LiefNr, VerpGr) verändert wird, dann gehören zu jedem Artikel mehrere Lieferanten und jeder Artikel kann in verschiedenen Verpackungsgrößen (VerpGr) vorliegen. Wie die Abb. 4.40 zeigt, besteht der Primärschlüssel aus drei Attributen und enthält, obwohl die Relation in der Boyce-Codd-Normalform vorliegt, Redundanzen.

Die Redundanzen werden in der vierten Normalform eliminiert, indem die Relation Artikellieferung zerlegt wird in ArtikelHerkunft (**ArtNr, LiefNr**) und ArtikelEinheit (**ArtNr, VerpGr**). Wie die Abb. 4.41 zeigt, entsprechen die beiden Relationen der vierten Normalform und sind redundanzfrei.

Abb. 4.40 Relation
Artikellieferung mit
mehrwertigen Abhängigkeiten

Artikellieferung		
ArtNr	LiefNr	VerpGr
5000	L1	Palette
5000	L1	Karton
5000	L1	Stück
5000	L2	Palette
5000	L2	Karton
5000	L2	Stück
2000	L2	Stück
3000	L1	Palette
3000	L1	Stück
3000	L2	Palette
3000	L2	Stück

Abb. 4.41 Relationen
ArtikelHerkunft und
Artikeleinheit in der vierten
Normalform

Artikelherkunft	
ArtNr	LiefNr
5000	L1
5000	L2
2000	L2
3000	L1
3000	L2

Artikeleinheit	
ArtNr	VerpGr
5000	Palette
5000	Karton
5000	Stück
2000	Stück
3000	Palette
3000	Stück

4.3.6 Denormalisierung

Bei der Normalisierung werden Relationen zerlegt, um Redundanzen zu beseitigen und
Anomalien bei Datenmanipulationen (Einfügen, Ändern und Löschen von Tabellenzeilen)
zu vermeiden. Der Verbund der Relationen kann allerdings problematisch sein, da er
rechenintensiv ist und zu Lasten der Performance geht. Relationen in höheren Normalformen sind optimiert in Bezug auf die Datenmanipulationen, aber suboptimal bezüglich der
Anfragen (queries). Eine Anfrage extrahiert Daten aus einer oder mehreren Tabellen und
transformiert diese in eine Ergebnistabelle.

▶ Denormalisierung ist ein Vorgang, bei dem bestimmte Normalisierungsschritte wieder
zurückgenommen werden, wodurch einzelne Relationen eine niedrigere Normalform
erreichen [1].

Im Gegensatz zur Normalisierung, bei der anwendungsunabhängige Kriterien relevant
sind, steht für die Denormalisierung die Betrachtung der Anfragen der Datenbankbenutzer
im Mittelpunkt [1].
   Bei der dritten Normalform wurden die Attribute PLZ und Ort in die Relation Adresse
ausgelagert. Wenn für häufige Anfragen zum Lieferanten neben der PLZ auch der Ort
aufgelistet werden soll, so kann das Zurückgehen zur zweiten Normalform eine Lösung
sein.

4.4 Übungen

Übung 4.1

Überführen Sie das Precised ERM gemäß Abb. 4.42 in das relationale Modell.

Verwenden Sie im Relationenmodell ebenfalls die Crow's Foot-Notation, überführen Sie Beziehungstypen in Fremdschlüssel und geben Sie die Wertebereiche für die Primärschlüssel, Fremdschlüssel und Attribute an. Wählen Sie für Primärschlüssel Autowert, für Zahlenfelder und Fremdschlüssel den Datentyp Long Integer, für Zahlen mit Dezimalstellen den Datentyp Double und für Textfelder Kurzer Text (...).

Übung 4.2

Überführen Sie das Precised ERM ohne Attribute gemäß Abb. 4.43 in das relationale Modell. Als Ergebnis des ERM resultiert das in Abb. 4.43 gezeigte Schaubild.

Verwenden Sie im Relationenmodell die Crow's Foot-Notation und geben Sie die Wertebereiche für die Primärschlüssel und Fremdschlüssel an. Wählen Sie für Primärschlüssel den Datentyp Autowert (AUT) und für Fremdschlüssel Long Integer.

Übung 4.3

Eine Tabelle zur Verwaltung von Personalinformationen soll bis in die dritte Normalform überführt werden. Angelegt wurde in Abb. 4.44 eine unnormalisierte, „naive Tabelle" Personal_Projekt. Mitarbeiterinnen und Mitarbeiter können an mehreren Projekten beteiligt sein. Es wird jeweils notiert, wie viele Stunden sie in einem Projekt geleistet haben.

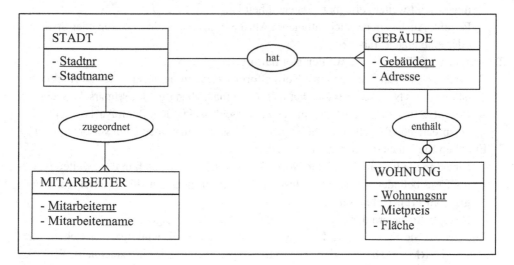

Abb. 4.42 ERM nach Chen

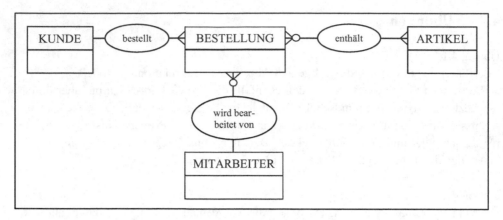

Abb. 4.43 Precised ERM

Personal_Projekt						
Pnr	**P_name**	**Abtnr**	**Abt_name**	**Pjnr**	**Pj_name**	**Pj_Std**
110	Müller	1	Motoren	11, 12	A, B	60, 40
102	Meier	2	Karosserie	13	C	100
103	Krause	2	Karosserie	11, 12, 13	A, B, C	20, 50, 30
104	Schmidt	1	Motoren	11, 13	A, C	80, 20

Abb. 4.44 Unnormalisierte Tabelle Personal_Projekt

1) Erstellen Sie eine Tabelle der ersten Normalform:
   – Eine Tabelle liegt in der ersten Normalform vor, wenn jeder Attributwert eine atomare, nicht weiter zerlegbare Dateneinheit ist.
   – Rezept: Auslagern der nicht atomaren Attribute in verschiedene Zeilen oder Spalten oder eine eigene Tabelle.
2) Erstellen Sie Tabellen der zweiten Normalform:
   – Eine Tabelle liegt in der zweiten Normalform vor, wenn sie in der ersten Normalform ist und jedes Nichtschlüsselattribut voll funktional abhängig vom Primärschlüssel ist.
   – Rezept: Separate Entitätstypen mit eigenem Schlüssel finden. Beim Auslagern durch entsprechende Beziehungen darauf achten, dass Informationen nicht verloren gehen.
3) Erstellen Sie Tabellen der dritten Normalform:
   – Eine Tabelle liegt in der dritten Normalform vor, wenn sie sich in der zweiten Normalform befindet und jedes Nichtschlüsselattribut nicht transitiv (indirekt) abhängig vom Primärschlüssel ist.
   – Rezept: Auslagern der transitiv abhängigen Attribute in eigene Tabellen.
4) Entwickeln Sie für die obere Problemstellung unter Berücksichtigung der Regeln für Precised ERM ein Datenmodell (nur Entitätstypen, keine Attribute zeichnen). Welche Beziehungen bestehen zwischen den Entitätstypen?
5) Welche Spalten müssten bei welchen Objekten im Relationenmodell angelegt werden?

Literatur

1. Kudraß T (2015) Taschenbuch Datenbanken, 2. Aufl. Carl Hanser, München
2. Codd EF (1970) A relational model for large shared data banks. Commun ACM 13(6):377–387
3. Codd EF. Does your DBMS run by the rules? Computer World, 21.10.1985
4. Codd EF. Is your DBMS really relational? Computer World, 14.10.1985
5. Kandzia P, Klein H-J (1993) Theoretische Grundlagen relationaler Datenbanksysteme. BI-Wissenschaftsverlag, Mannheim
6. Lang SM, Lockemann PC (1995) Datenbankeinsatz. Springer, New York/Berlin
7. Lockemann PC, Schmidt JW (Hrsg) (1987) Datenbank-Handbuch. Springer, New York/Berlin
8. Schlageter G, Stucky W (1993) Datenbanksysteme: Konzepte und Modelle. B.G. Teubner, Stuttgart
9. Steiner R (2017) Grundkurs Relationale Datenbanken. Einführung in die Praxis der Datenbankentwicklung für Ausbildung, Studium und IT-Beruf, 9. Aufl. Springer Vieweg, Wiesbaden

Datenbanksprache SQL

5

Zusammenfassung

Im fünften Kapitel wird der logische Datenbankentwurf in einen physischen Datenbankentwurf überführt (Implementierung). Dabei wird bei relationalen Datenbanken das Relationenmodell mit der Datenbeschreibungssprache SQL in eine physische Datenbankstruktur umgesetzt. SQL (Structured Query Language) ist die Datenbanksprache, die von allen bedeutenden Datenbankmanagementsystemen unterstützt wird. Daher werden die für einen Datenbankanwender wichtigen Sprachelemente, wie die Datenabfragesprache und die Datenmanipulationssprache, mit Beispielen erläutert.

Datenbanksprachen stellen Sprachen dar, mit denen die Daten einer Datenbank ausgewertet und verändert werden können. Die bekannteste Datenbanksprache ist heute die durch ANSI (American National Standards Institute) genormte Sprache SQL (Structured Query Language = Strukturierte Abfragesprache), die für alle bekannten relationalen DBMS verfügbar ist. Sie wurde in den 1970er-Jahren von IBM als Datenanfrage bzw. Datenabfragesprache entwickelt, enthält aber darüber hinausgehende Sprachelemente. Die Sprache SQL wird heutzutage verwendet als [1]:

- Datendefinitionssprache = Data Definition Language (DDL): Beschreibt, verändert und erzeugt die Struktur der Datenbank selber, also etwa das Erstellen von Datenbanken sowie Tabellen mit Feldern.
- Datenabfragesprache = Data Query Language (DQL): Dient zur Abfrage der Tabelleninhalte.
- Datenmanipulationssprache = Data Manipulation Language (DML): Ermöglicht das Erzeugen, Ändern und Löschen von Tabelleninhalten.
- Datenüberwachungssprache = Data Control Language (DCL): Wird zur Vergabe und Zurücknahme von Zugriffsrechten eingesetzt.

© Springer Fachmedien Wiesbaden GmbH, ein Teil von Springer Nature 2018
F. Herrmann, *Datenorganisation und Datenbanken*,
https://doi.org/10.1007/978-3-658-21331-2_5

Die Datendefinitionssprache dient dem Erzeugen, Verändern, Löschen oder Umbenennen der Strukturen, die für die Speicherung der Daten benutzt werden [1, 2]. Diese Strukturen sind zum Beispiel die Datenbanken, Tabellen oder Spalten. Hierfür werden zum Beispiel die Befehle CREATE, ALTER, DROP oder RENAME verwendet. Da diese Befehle für Access keine große Rolle spielen, werden sie im Folgenden nicht näher behandelt.

Mit der Datenüberwachungssprache und den Befehlen GRANT, REVOKE u. a. lassen sich Benutzersichten festlegen und Zugriffsrechte gewähren oder entziehen. Da diese Befehle für Access ebenfalls keine große Rolle spielen, werden sie im Folgenden auch nicht näher erläutert.

Mit den in den folgenden Abschnitten beschriebenen SQL-Befehlen können in einer Datenbank Datensätze eingegeben, geändert oder abgefragt werden. ACCESS eignet sich eigentlich nicht für die Eingabe von SQL-Befehlen, da es in ACCESS Schaltflächen für die Eingabe, Abfrage oder Auswertung von Datensätzen gibt und lediglich bei bereits erzeugten Abfragen ein Eingabefenster für die Änderung von SQL-Befehlen existiert. Dennoch können im SQL-Fenster bei Abfragen SQL-Codes angesehen und verändert werden. Deshalb ist für die Arbeit mit ACCESS eigentlich nur die SQL-Abfrage relevant. Trotzdem sollen im Folgenden auch die wichtigsten SQL-Befehle aus dem Bereich der Datenmanipulationssprache grundsätzlich dargestellt werden, um auch das Arbeiten mit anderen Datenbankmanagementsystemen zu erleichtern und das Gesamtkonzept von SQL zu verstehen.

5.1 Datenabfragesprache (DQL)

Mit der SQL-Anweisung SELECT können Datensätze aus einer Tabelle gelesen werden [2]. Auch wenn es in Access eine grafische Oberfläche gibt, mit der grundlegende SQL-Codes erzeugt werden, ist es sinnvoll, SQL-Codes lesen, schreiben und verändern zu können, denn einige wichtige Ergänzungen müssen in einen SQL-Code eingefügt werden. Abfrageoperationen erlauben Abfragen aus Tabellen und haben folgende Grundform:

```
SELECT:      Was? (Attribute)
FROM:        Woher? (Relationen)
WHERE:       Unter welcher Bedingung? (zum Beispiel Attributwerte)
```

Hinter dem SELECT-Befehl werden entweder ein oder mehrere Feldnamen oder das Sternchen für alle Felder angegeben. Der Feldname wird in der Schreibweise Feldname oder Tabellenname.Feldname notiert. Trotzdem müssen hinter dem FROM alle beteiligten Tabellen genannt werden. Am Ende eines SQL-Codes steht normalerweise ein Semikolon, aber in Access ist dies nicht notwendig. Eine einfache Abfrage einer Tabelle lautet [2]:

```
SELECT Feldname(n)
FROM Tabellenname(n);
```

Veranstaltungen

ID	Vname	Typ	Preis	Beginn	Ende
1	St. Roman	Fahrrad_A	50,75	01.07.2018	01.07.2018
2	Oberstdorf	Fahrrad_B	70	06.07.2018	06.07.2018
3	Flums	Fahrrad_B	200	10.08.2018	12.08.2018
4	Elm	Fahrrad_B	700	15.07.2018	21.07.2018
5	Todtmoos	Fahrrad_A	45	02.08.2018	02.08.2018
6	Knibis	Fahrrad_A	42	20.09.2018	23.09.2018
7	Pondresina	Fahrrad_C	900	10.09.2018	17.09.2018
8	Feldberg	Fahrrad_B	250	01.09.2018	03.09.2018
9	St. Moritz	Fahrrad_B	1500	01.10.2018	14.10.2018
10	Davos	Fahrrad_C	1200	28.09.2018	10.10.2018
11	Arlberg	Fahrrad_B	450	02.09.2018	06.09.2018
12	Albstadt	Fahrrad_A	30	01.09.2018	01.09.2018

Datensatz: 1 von 12 Kein Filter Suchen

Num

Abb. 5.1 Tabelle Veranstaltungen

Um die folgenden Übungen nachzuvollziehen, können Sie die Datenbank Gruppe Buch öffnen. Anschließend öffnen Sie mit Doppelklick der linken Maustaste die Abfrage mit dem Namen Abfrage und wechseln in das SQL-Fenster, das Sie bei den Ansichten rechts unten sehen. Die Tabelle Veranstaltungen, deren gesamte Spalten im Folgenden abgefragt werden sollen, wird in Abb. 5.1 dargestellt.

Eine einfache, typische Abfrage der Tabelle Veranstaltungen in der Datenbank Gruppe Buch wäre zum Beispiel:

```
SELECT Veranstaltungen.*
FROM Veranstaltungen;
```

Die kurze Fassung ist auch erlaubt:

```
SELECT *
FROM Veranstaltungen;
```

Das Ergebnis der SQL-Abfrage wird in Abb. 5.2 dargestellt.

Für die Datenermittlung funktioniert die Schreibweise mit Sternchen ohne vorangestellte Datenquellenbezeichnung. Die Felder mit ihren Ergebnissen werden in der Datenblattansicht korrekt dargestellt. Allerdings kann in diesem Fall das alleinstehende Sternchen nicht in der Entwurfssicht dargestellt werden. Dies ist nur bei der ausführlichen Version mit Datenquelle vor dem Sternchen möglich.

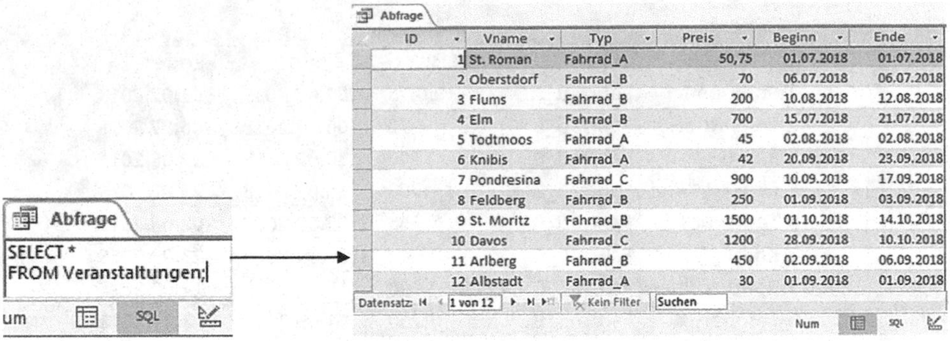

ID	Vname	Typ	Preis	Beginn	Ende
1	St. Roman	Fahrrad_A	50,75	01.07.2018	01.07.2018
2	Oberstdorf	Fahrrad_B	70	06.07.2018	06.07.2018
3	Flums	Fahrrad_B	200	10.08.2018	12.08.2018
4	Elm	Fahrrad_B	700	15.07.2018	21.07.2018
5	Todtmoos	Fahrrad_A	45	02.08.2018	02.08.2018
6	Knibis	Fahrrad_A	42	20.09.2018	23.09.2018
7	Pondresina	Fahrrad_C	900	10.09.2018	17.09.2018
8	Feldberg	Fahrrad_B	250	01.09.2018	03.09.2018
9	St. Moritz	Fahrrad_B	1500	01.10.2018	14.10.2018
10	Davos	Fahrrad_C	1200	28.09.2018	10.10.2018
11	Arlberg	Fahrrad_B	450	02.09.2018	06.09.2018
12	Albstadt	Fahrrad_A	30	01.09.2018	01.09.2018

Abb. 5.2 SQL-Abfrage mit allen Spalten

Wenn nur bestimmte Felder der Tabelle Veranstaltungen in der Datenbank Gruppe Buch abgefragt werden sollen, dann sind diese Felder anstelle des Sternchens wie folgt zu nennen:

```
SELECT Veranstaltungen.Vname, Veranstaltungen.Typ, Veranstaltungen.Preis
FROM Veranstaltungen;
```

Dieser SQL-Code lässt sich um die Datenquelle verkürzen, wenn die Feldnamen bezogen auf die vorkommenden Tabellen oder Abfragen eindeutig sind:

```
SELECT Vname, Typ, Preis
FROM Veranstaltungen;
```

Durch die Reihenfolge der Spalten wird die Darstellung in der Datenblattansicht beeinflusst. Das Ergebnis der SQL-Abfrage wird in Abb. 5.3 dargestellt.

5.1.1 Filterung

Abfragen lassen sich auch filtern, was dem SQL-Schlüsselwort WHERE entspricht. Das SQL-Schlüsselwort WHERE steht immer an der dritten Stelle. Eine einfache Abfrage einer Tabelle mit einer Bedingung lautet [2]:

```
SELECT Feldname(n)
FROM Tabellenname(n)
WHERE Bedingung(en);
```

SQL kennt die üblichen Vergleichsoperatoren, die auch in der Entwurfssicht von SQL-Abfragen integriert werden können. Als Vergleichsoperatoren gibt es zum Beispiel = gleich, <> ungleich, > größer, < kleiner, >= größer gleich, <= kleiner gleich. Ein konkretes Beispiel

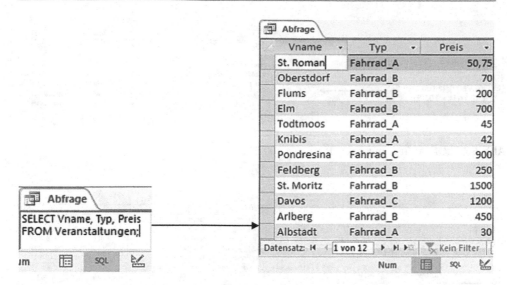

Abb. 5.3 SQL-Abfrage mit den Feldnamen Vname, Typ und Preis

für eine Abfrage über alle Spalten der Tabelle Veranstaltungen der Datenbank „Gruppe Buch", deren Preis über 100,50 Euro liegt, wäre:

```
SELECT *
FROM Veranstaltungen
WHERE Preis > 100.5;
```

Das Ergebnis der SQL-Abfrage wird in Abb. 5.4 dargestellt.

Der SQL-Befehl ist stets in der englischen Sprache anzugeben, auch wenn der grafische Abfrageentwurf von Access sowohl Funktionsnamen als auch Zahlen und Datumswerte in der deutschen Sprache darstellt. Daher ist im SQL-Code ein Punkt anstatt ein Komma für Dezimalzahlen anzugeben.

Vergleichsoperatoren können in Access verknüpft werden mit den Operatoren AND beziehungsweise OR, die im grafischen Abfrageentwurf durch die Anordnung in den Zeilen nebeneinander oder untereinander abgebildet werden [2]. Die zuletzt dargestellte Abfrage soll so erweitert werden, dass alle Veranstaltungen vom Typ Fahrrad_B mit einem Preis über 100,50 Euro gefunden werden sollen. Beim Typ soll aber nur B (LIKE "*B") abgefragt werden, egal was davorsteht. Der Operator LIKE entspricht dem WIE im Abfrageentwurf und wird bei der Suche nach Texten verwendet [2]. In diesem Fall lautet der SQL-Code:

```
SELECT *
FROM Veranstaltungen
WHERE Preis > 100.5 AND Typ LIKE "*B";
```

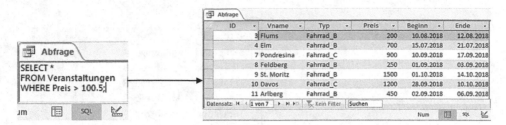

Abb. 5.4 SQL-Abfrage mit einem Preis über 100,50 Euro

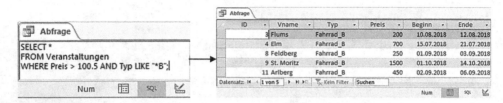

Abb. 5.5 SQL-Abfrage mit einer AND-Verknüpfung

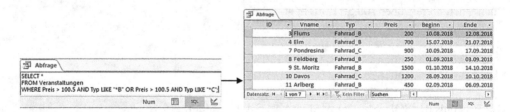

Abb. 5.6 SQL-Abfrage mit AND- und OR-Verknüpfung

Das Ergebnis der SQL-Abfrage wird in Abb. 5.5 dargestellt.

Wenn beispielsweise alle Veranstaltungen vom Typ Fahrrad_B und vom Typ Fahrrad_C mit einem Preis über 100,50 Euro gefunden werden sollen, dann kann der SQL-Code durch einen OR-Operator wie folgt ergänzt werden:

```
SELECT *
FROM VERANSTALTUNGEN
WHERE PREIS > 100.5 AND TYP LIKE "*B" OR PREIS > 100.5 AND TYP LIKE "*C";
```

Das Ergebnis der SQL-Abfrage wird in Abb. 5.6 dargestellt.

Wie das Ergebnis zeigt, werden durch die OR–Verknüpfung mehr Zeilen abgefragt, da sich jetzt auch Veranstaltungen mit dem Typ Fahrrad_C in der Ergebnismenge befinden.

5.1.2 Sortierung

Des Weiteren besteht die Möglichkeit, eine Abfrage mit Sortierung mit dem SQL-Code Order By für eine oder mehrere Feldnamen wie folgt vorzunehmen [2]:

```
SELECT Feldname(n)
FROM Tabellenname(n)
ORDER BY Feldname(n) [ASC|DESC];
```

Ein konkretes Beispiel für eine Abfrage über alle Spalten der Tabelle Veranstaltungen der Datenbank Gruppe Buch, bei der eine aufsteigende Sortierung nach dem Typ Vname vorgenommen wird, wäre:

```
SELECT *
FROM Veranstaltungen
ORDER BY Vname ASC;
```

Das Ergebnis der SQL-Abfrage wird in Abb. 5.7 dargestellt.

Der Zusatz ASC (ascending, englisch für aufsteigend) ist obligatorisch und kann weggelassen werden, da es sich um eine Standardsortierung handelt. Für eine absteigende (DESC, descending) Sortierung lautet der Code:

```
SELECT *
FROM Veranstaltungen
ORDER BY Vname DESC;
```

Das Ergebnis der SQL-Abfrage wird in Abb. 5.8 dargestellt.

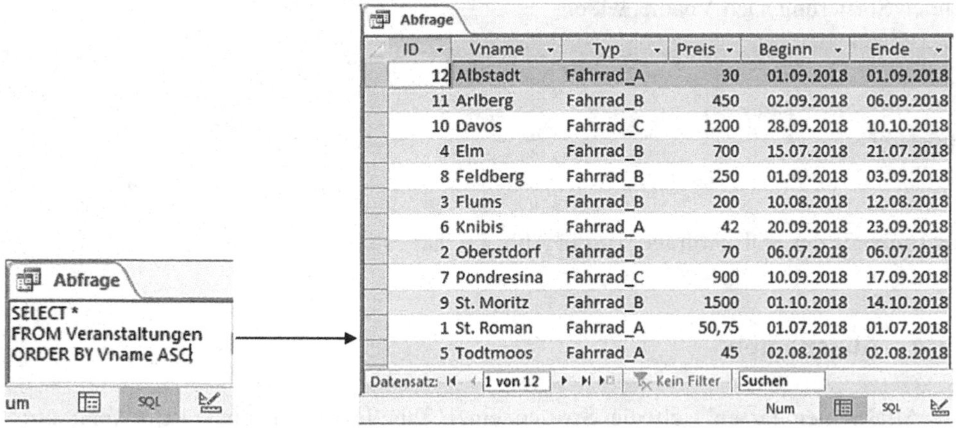

ID	Vname	Typ	Preis	Beginn	Ende
12	Albstadt	Fahrrad_A	30	01.09.2018	01.09.2018
11	Arlberg	Fahrrad_B	450	02.09.2018	06.09.2018
10	Davos	Fahrrad_C	1200	28.09.2018	10.10.2018
4	Elm	Fahrrad_B	700	15.07.2018	21.07.2018
8	Feldberg	Fahrrad_B	250	01.09.2018	03.09.2018
3	Flums	Fahrrad_B	200	10.08.2018	12.08.2018
6	Knibis	Fahrrad_A	42	20.09.2018	23.09.2018
2	Oberstdorf	Fahrrad_B	70	06.07.2018	06.07.2018
7	Pondresina	Fahrrad_C	900	10.09.2018	17.09.2018
9	St. Moritz	Fahrrad_B	1500	01.10.2018	14.10.2018
1	St. Roman	Fahrrad_A	50,75	01.07.2018	01.07.2018
5	Todtmoos	Fahrrad_A	45	02.08.2018	02.08.2018

Abb. 5.7 SQL-Abfrage mit einer Sortierung nach Vname

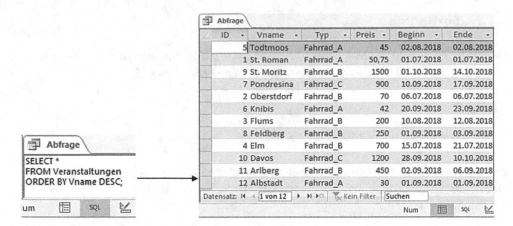

Abb. 5.8 SQL-Abfrage mit einer absteigenden Sortierung nach Vname

5.1.3 Filterung und Sortierung

Wenn eine Sortierung und Filterung bei einer Abfrage in einem SQL-Code eingefügt werden soll, dann hat der SQL-Code die Form [2]:

```
SELECT Feldname(n)
FROM Tabellenname(n)
WHERE Bedingung(en)
ORDER BY Feldname(n) [ASC|DESC];
```

Ein konkretes Beispiel für eine Abfrage über alle Spalten der Tabelle Veranstaltungen der Datenbank Gruppe Buch, deren Preis kleiner gleich 500 Euro liegt und mit einer absteigenden Sortierung nach Vname, wäre:

```
SELECT *
FROM Veranstaltungen
WHERE Preis <= 500
ORDER BY Vname DESC;
```

Das Ergebnis der SQL-Abfrage wird in Abb. 5.9 dargestellt.

5.1.4 Aliasnamen

Mit Aliasnamen lassen sich die Spalten einer Tabelle umbenennen [2]. Wenn nur bestimmte Felder der Tabelle Veranstaltungen in der Datenbank Gruppe Buch abgefragt werden sollen, wie zum Beispiel die Spalten Vname, Typ sowie Preis und diese Spalten

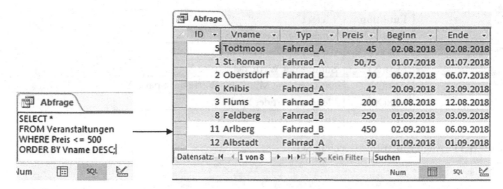

Abb. 5.9 SQL-Abfrage mit einem Preis kleiner gleich 500 Euro mit einer absteigenden Sortierung nach Vname

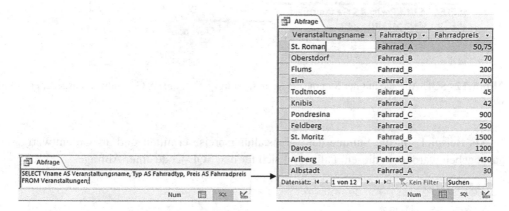

Abb. 5.10 SQL-Abfrage mit den Feldnamen Vname, Typ und Preis, die in Veranstaltungsname, Fahrradtyp sowie Fahrradpreis umbenannt werden

in Veranstaltungsname, Fahrradtyp sowie Fahrradpreis umbenannt werden sollen, dann sind diese Felder in der Abfrage wie folgt mit dem SQL-Code AS zu ergänzen:

```
SELECT Vname AS Veranstaltungsname, Typ AS Fahrradtyp, Preis AS Fahrradpreis
FROM Veranstaltungen;
```

Durch die Reihenfolge der Spalten wird die Darstellung in der Datenblattansicht beeinflusst. Das Ergebnis der SQL-Abfrage wird in Abb. 5.10 dargestellt.

5.1.5 Aggregationsfunktionen (Gruppierungsfunktionen)

Mit einer Aggregationsfunktion lässt sich eine Menge von Werten auf einen Wert abbilden [2, 1, 3]. In der Abb. 5.11 werden wichtige Aggregationsfunktionen dargestellt.

Funktion	Liefert
COUNT(X)	Anzahl der Werte der Spalte X
COUNT(*)	Anzahl der Zeilen in der Tabelle
SUM(X)	Summe der Werte der Spalte X
AVG(X)	arithmetische Mittel der Werte der Spalte X
MIN(X)	kleinste Wert der Spalte X
MAX(X)	größte Wert der Spalte X

Abb. 5.11 Aggregationsfunktionen in SQL

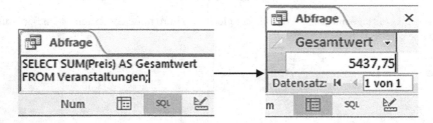

Abb. 5.12 SQL-Abfrage mit der Summe der Veranstaltungspreise, die als Gesamtwert ausgegeben wird

Als Beispiel soll die Summe der Veranstaltungspreise ermittelt und als Gesamtwert ausgegeben werden. In diesem Fall ergibt sich für den SQL-Code einer Abfrage:

```
SELECT SUM(Preis) AS Gesamtwert
FROM Veranstaltungen;
```

Das Ergebnis der SQL-Abfrage wird in Abb. 5.12 dargestellt.

5.1.6 JOIN

Der JOIN beschreibt die Verknüpfung von Tabellen [2]. Dabei wird zum einen der LEFT JOIN und der RIGHT JOIN unterschieden, die oftmals auch als OUTER JOIN bezeichnet werden. Darüber hinaus gibt es noch den INNER JOIN.

5.1.6.1 INNER JOIN – zum Beispiel Personen, die Aufträge bearbeiten

Die Erklärung des INNER JOIN erfolgt im Rahmen einer grafischen Darstellung mit Kreisen entsprechend der Mengenlehre, wobei die Kreise die Tabellendaten A und B symbolisieren [2]. Die Tabellen enthalten Werte in einem Feld, die für beide Tabellen identisch sind. Diese Schnittmenge in Abb. 5.13 stellt das Fremdschlüssel/Primärschlüssel-Paar dar und wird von einem INNER JOIN abgebildet.

Abb. 5.13 Schnittmenge
zwischen den Tabellendaten
A und B

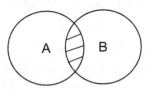

Abb. 5.14 Entwurfssicht der
Abfrage1 mit einer
Schnittmenge zwischen den
Tabellendaten Personal und
Auftraege

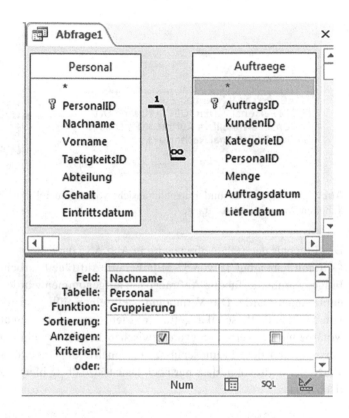

Der INNER JOIN wird benötigt, wenn zum Beispiel herausgefunden werden soll, welche Mitarbeiter der Tabelle Personal (Tabellendaten A) überhaupt Aufträge der Tabelle Auftraege (Tabellendaten B) der Datenbank Gruppe Buch bearbeitet haben. Die Entwurfssicht der Abfrage1, die die Tabellen Personal und Auftraege als Grundlage hat, wird in Abb. 5.14 dargestellt. Zwischen der Tabelle Personal und Auftraege besteht eine 1:MC-Beziehung.

Dazu ergibt sich der folgende SQL-Code, der auch einfach in die SQL-Sicht einer beliebigen Abfrage eingegeben werden kann:

```
SELECT Personal.Nachname
FROM Personal INNER JOIN Auftraege ON Personal.PersonalID = Auftraege.
PersonalID
GROUP BY Personal.Nachname;
```

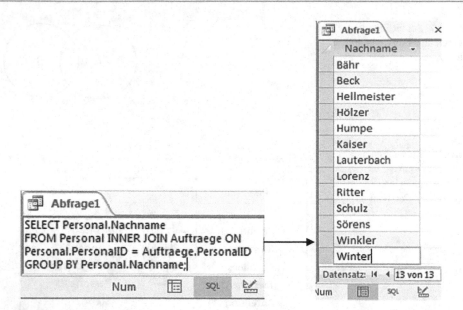

Abb. 5.15 SQL-Code und Datenblattansicht von einem INNER JOIN zwischen den beiden Tabellen Personal und Auftraege

Das Ergebnis der SQL-Abfrage wird in Abb. 5.15 dargestellt.

Somit haben nur 13 von 33 Mitarbeitern Aufträge bearbeitet. Es stellt sich jetzt die Frage, warum die Tabelle Auftraege mit aufgenommen wurde, obwohl kein Feld daraus entnommen wurde. Die Verbindung stellt einen Filter dar, denn wenn die Daten nur von der Tabelle Personal abgefragt werden, dann erscheinen als Ergebnismenge alle 33 Mitarbeiter. Die Verbindungslinie zwischen dem Primärschlüssel PersonalID der Tabelle Personal und dem Fremdschlüssel PersonalID der Tabelle Auftraege ist ein INNER JOIN, der dafür sorgt, dass nur noch Datensätze übrig bleiben, deren PersonalIDs identisch sind.

5.1.6.2 LEFT JOIN – zum Beispiel Personen, die keine Aufträge bearbeiten

Die Erklärung des LEFT JOIN erfolgt ebenfalls im Rahmen einer grafischen Darstellung mit Kreisen, wobei die Kreise die Tabellendaten A und B symbolisieren [2]. Die Tabelle A enthält Daten, die nicht in Tabelle B vorkommen. Diese Teilmenge wird in Abb. 5.16 als A ohne B dargestellt.

Der LEFT JOIN wird benötigt, wenn zum Beispiel herausgefunden werden soll, welche Mitarbeiter der Tabelle Personal (Tabellendaten A) keine Aufträge der Tabelle Auftraege (Tabellendaten B) der Datenbank Gruppe Buch bearbeitet haben.

Ein LEFT JOIN kann erzeugt werden, indem die Abfrage1 kopiert und in die Abfrage2 umbenannt wird. Anschließend ist in die Entwurfssicht zu wechseln. Mit Doppelklick auf

Abb. 5.16 Tabellendaten von
A ohne B

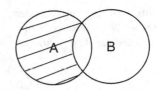

Abb. 5.17 Die Option 2
entspricht dem LEFT JOIN

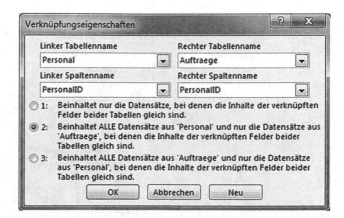

den mittleren Teil der Verbindungslinie lassen sich in einem Dialogfeld die Verknüpfungseigenschaften anzeigen. Diese Eigenschaften enthalten drei Optionen, die den SQL-Befehlen INNER JOIN, LEFT JOIN und RIGHT JOIN entsprechen. Die zweite Option der Abb. 5.17 entspricht dem LEFT JOIN.

Durch die Einstellungsänderungen bei den Verknüpfungseigenschaften ist aus der Verbindungslinie ein Pfeil geworden. In der Entwurfssicht kann ein beliebiges Feld aus der Tabelle in den Zielbereich aufgenommen werden. Ein Feld, das in allen Datensätzen einen Wert garantiert, wäre das AutoWert-Feld AuftragsID. Da die Gruppierung überflüssig ist, kann sie aus der Funktionszeile herausgenommen werden. Um sich die Mitarbeiter anzeigen zu lassen, die keine Aufträge bearbeitet haben, ist in der Zeile Kriterien Ist Null einzutragen. Die Entwurfssicht in Access sieht dann wie in Abb. 5.18 dargestellt aus.

Dazu ergibt sich der folgende SQL-Code, der auch einfach in die SQL-Sicht einer beliebigen Abfrage eingegeben werden kann:

```
SELECT Personal.Nachname, Auftraege.AuftragsID
FROM Personal
LEFT JOIN Auftraege ON Personal.PersonalID = Auftraege.PersonalID
WHERE Auftraege.AuftragsID Is Null;
```

Wie das Ergebnis der SQL-Abfrage in Abb. 5.19 zeigt, haben 20 von 33 Mitarbeitern keine Aufträge bearbeitet.

Abb. 5.18 Entwurfssicht der
Abfrage2 mit Tabellendaten
von Personal ohne Auftraege

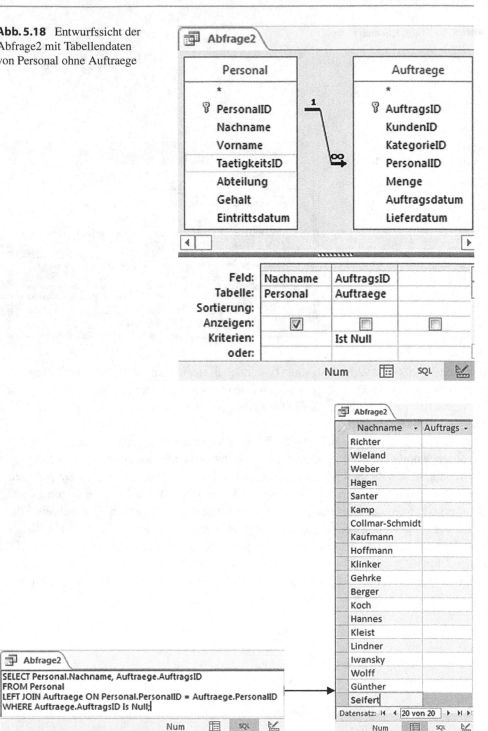

Abb. 5.19 SQL-Code und Datenblattansicht von einem LEFT JOIN zwischen den beiden Tabellen
Personal und Auftraege

5.1.6.3 RIGHT JOIN – zum Beispiel nicht von Mitarbeitern bearbeitete Aufträge

Die Erklärung des RIGHT JOIN erfolgt ebenfalls im Rahmen einer grafischen Darstellung mit Kreisen, wobei die Kreise die Tabellendaten A und B symbolisieren [2]. Die Tabelle B enthält Daten, die nicht in Tabelle A vorkommen. Diese Teilmenge wird in Abb. 5.20 als B ohne A dargestellt.

Der RIGHT JOIN wird benötigt, wenn zum Beispiel herausgefunden werden soll, welche Aufträge der Tabelle Auftraege (Tabellendaten B) nicht von Mitarbeitern der Tabelle Personal (Tabellendaten A) der Datenbank Gruppe Buch bearbeitet wurden.

Ein RIGHT JOIN kann erzeugt werden, indem zum Beispiel die Abfrage1 kopiert und in die Abfrage3 umbenannt wird. Anschließend ist in die Entwurfssicht zu wechseln. Mit Doppelklick auf den mittleren Teil der Verbindungslinie lassen sich in einem Dialogfeld die Verknüpfungseigenschaften anzeigen. Diese Eigenschaften enthalten drei Optionen, die den SQL-Befehlen INNER JOIN, LEFT JOIN und RIGHT JOIN entsprechen. Die dritte Option der Abb. 5.21 entspricht dem RIGHT JOIN.

Durch die Einstellungsänderungen bei den Verknüpfungseigenschaften ist aus der Verbindungslinie ein Pfeil geworden. In der Entwurfssicht kann ein beliebiges Feld aus der Tabelle in den Zielbereich aufgenommen werden. Ein Feld, das in allen Datensätzen einen Wert garantiert, wäre das AutoWert-Feld AuftragsID. Da die Gruppierung überflüssig ist, kann sie aus der Funktionszeile herausgenommen werden. Um sich die Aufträge anzeigen zu lassen, die von keinem Mitarbeiter bearbeitet wurden, ist in der Zeile Kriterien Ist Null einzutragen. Die Entwurfssicht in Access kann wie in Abb. 5.22 dargestellt werden:

Abb. 5.20 Tabellendaten von B ohne A

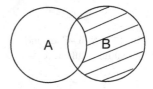

Abb. 5.21 Die Option 3 entspricht dem RIGHT JOIN

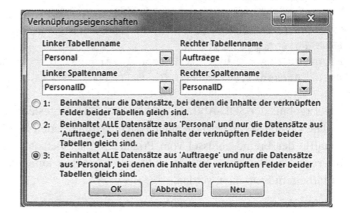

Abb. 5.22 Entwurfssicht der Abfrage3 mit Tabellendaten von Auftraege ohne Personal

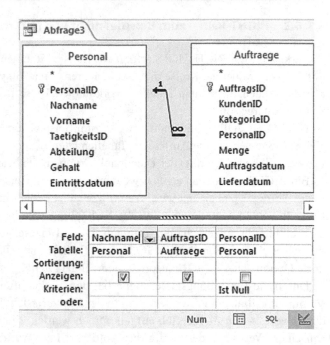

Abb. 5.23 SQL-Code und Datenblattansicht von einem RIGHT JOIN zwischen den beiden Tabellen Personal und Auftraege

Dazu ergibt sich der folgende SQL-Code, der auch einfach in die SQL-Sicht einer beliebigen Abfrage eingegeben werden kann:

```
SELECT Personal.Nachname, Auftraege.AuftragsID
FROM Personal
Right JOIN Auftraege ON Personal.PersonalID = Auftraege.PersonalID
WHERE Personal.PersonalID Is Null;
```

Das Ergebnis der SQL-Abfrage wird in Abb. 5.23 dargestellt.

Die Ergebnisse in der Datenblattansicht sind auf jeden Fall leer, da die Auftraege.PersonalID der Fremdschlüssel vom Primärschlüssel Personal.PersonalID ist und mit der referenziellen Integrität sichergestellt wurde, dass es keine Aufträge gibt, die nicht von Mitarbeitern bearbeitet werden.

5.2 Datenmanipulationssprache (DML)

Die Datenmanipulationssprache (INSERT, UPDATE, DELETE u. a.) dient zum Einfügen, Verändern und Löschen von Tabelleninhalten [1].

5.2.1 Datensätze in Tabellen hinzufügen

Mit der SQL-Anweisung INSERT INTO können Datensätze in Tabellen hinzugefügt werden. Datensätze können über die folgende SQL-Anweisung hinzugefügt werden [1]:

Syntax: INSERT INTO Tabellenname (Attributsbezeichnung 1, Attributsbezeichnung 2, …) VALUES (Attributswert 1, Attributswert 2, …);

Beispiele: Die Attributwerte (2, "Maier", "Max", "Königstr. 5", "Stuttgart", "70000") sollen in die Tabelle Mitarbeiterverwaltung der Datenbank Gruppe Buch mit den Spalten (ID, Nachname, Vorname, Adresse, Ort, PLZ) eingefügt werden.

Dies kann durch die Erstellung einer sogenannten Anfügeabfrage erfolgen. Anfügeabfragen dienen dazu, neue Datensätze ganz oder wenigstens teilweise zu erzeugen. Dabei muss die Zieltabelle bereits vorhanden sein und die darin enthaltenen Datensätze werden nicht verändert oder gelöscht. Zunächst wird eine neue Auswahlabfrage auf Basis der Tabelle Mitarbeiterverwaltung erstellt. Anschließend sollten die SQL-Ansicht aufgerufen und der SQL-Code der Auswahlabfrage durch die folgende Anweisung ersetzt werden:

Lösung: INSERT INTO Mitarbeiterverwaltung (ID, Nachname, Vorname, Adresse, Ort, PLZ)
VALUES (2, "Maier", "Max", "Königstr. 5", "Stuttgart", "70000");

Diese Abfrage wird zum Beispiel als Anfügeabfrage gespeichert und anschließend ausgeführt, sodass ein Datensatz geschrieben wird. Dann kann die Tabelle Mitarbeiterverwaltung geöffnet und geprüft werden, ob der neue Datensatz hinzugefügt wurde.

5.2.2 Datensätze in Tabellen ändern

Mit der SQL-Anweisung UPDATE können Datensätze in Tabellen geändert werden. Datensätze können über die folgende SQL-Anweisung geändert werden [1]:

Syntax: UPDATE Tabellenname SET Attributsbezeichnung 1 = Attributswert 1, Attributsbezeichnung 2 = Attributswert 2
WHERE Bedingung;

Beispiele: Wegen gestiegener Kosten sollen bei allen Veranstaltungen die Tagesmietpreise um 5 % erhöht werden. In der Tabelle Veranstaltungen sind die alten Preise durch die erhöhten Preise zu ersetzen.

Dies kann durch die Erstellung einer sogenannten Aktualisierungsabfrage erfolgen. Aktualisierungsabfragen dienen dazu, Datensätze ganz oder wenigstens teilweise zu verändern. Dabei muss die Zieltabelle bereits vorhanden sein, um die darin enthaltenen Datensätze verändern zu können. Zunächst wird eine neue Auswahlabfrage auf Basis der Tabelle Veranstaltungen erstellt. Anschließend sollte die SQL-Ansicht aufgerufen und der SQL-Code der Auswahlabfrage durch die folgende Anweisung ersetzt werden:

Lösung: UPDATE Veranstaltungen
SET Preis = Preis * 1.05;

Diese Abfrage wird zum Beispiel als Aktualisierungsabfrage gespeichert und anschließend ausgeführt, sodass ein Datensatz geschrieben wird. Dann kann die Tabelle Veranstaltungen geöffnet und geprüft werden, ob der neue Datensatz hinzugefügt wurde.

5.2.3   Datensätze löschen

Mit der SQL-Anweisung DELETE können Datensätze aus Tabellen entfernt werden [1]:

Syntax: DELETE * FROM Tabellenname WHERE Bedingung;

Beispiele: Die Attributwerte (2, "Maier", "Max", "Königstr. 5", "Stuttgart", "70000") der Tabelle Mitarbeiterverwaltung der Datenbank Gruppe Buch sollen gelöscht werden.

Dies kann durch die Erstellung einer sogenannten Löschabfrage erfolgen. Eine Löschabfrage löscht immer den oder die kompletten Datensätze und benötigt daher die Information dazu, welche Datensätze betroffen sind. Dabei muss die Zieltabelle mit den Datensätzen bereits vorhanden sein. Zunächst wird eine neue Abfrage auf Basis der Tabelle Mitarbeiterverwaltung erstellt. Anschließend sollten die SQL-Ansicht aufgerufen und der SQL-Code der Auswahlabfrage durch die folgende Anweisung ersetzt werden:

Lösung: DELETE *
FROM Mitarbeiterverwaltung
WHERE ID = 2;

Diese Abfrage wird zum Beispiel als Löschabfrage gespeichert und anschließend ausgeführt, sodass der Datensatz mit der ID = 2 gelöscht wird. Dann kann die Tabelle Mitarbeiterverwaltung geöffnet und geprüft werden, ob der neue Datensatz gelöscht wurde.

Eine Löschabfrage ist natürlich auch geeignet, um alle Datensätze einer Tabelle zu löschen. In diesem Fall wird keine Bedingung in den Code geschrieben. Die Löschabfrage sieht im Beispiel dann wie folgt aus:

Lösung: DELETE *
FROM Mitarbeiterverwaltung;

Diese Abfrage wird wieder zum Beispiel als Löschabfrage gespeichert und anschließend ausgeführt, sodass alle Datensätze gelöscht werden.

5.3 SQL-Kurzreferenz

Eine SQL-Kurzreferenz mit wichtigen SQL-Codes wird in Abb. 5.24 dargestellt.

CREATE DATABASE, CREATE TABLE	erstellt eine Datenbank, erstellt eine Tabelle
ALTER TABLE	Tabellenstruktur verändern
DROP Feld, DROP TABLE, DROP DATABASE	Spalte löschen, löscht die Tabelle bzw. Datenbank
USE DATABASE	öffnet die Datenbank
INSERT INTO Tabelle (Feld1,Feld2,...) VALUES (Wert1,Wert2,...), (Wert3,Wert4,...),...	Eingabe von Datensätzen
SELECT * (bzw. Feld1,Feld2,...) FROM Tabelle WHERE Bedingung(en) ORDER BY Feld1 ASC, Feld2 DESC	Ausgabe aller bzw. bestimmter Felder der Tabelle sofern eine Bedingung(en) erfüllt sind aufsteigend bzw. absteigend geordnet nach ...
AND, OR, XOR, NOT (Bedingung)	log. Operatoren: und, oder, entweder oder, nicht
SELECT * FROM Tabelle WHERE Name LIKE „Ma%er" "Ma_er"	Mustervergleiche: findet Mager, Maurer,... findet Mager, Mayer, Maier aber <u>nicht</u> Maurer
SELECT... AS "Neue Überschrift" FROM Tabelle	Spalte umbenennen
Funktionen: YEAR (Datum), MONTH (...), DAY OF MONTH (. . .) NOW (...)	Jahr, Monat bzw. Tag eines Datums aktuelles Datum
Aggregatfunktionen: SUM (...), MIN (...), MAX (...), AVG (...), COUNT (...)	Summe, minimaler Wert, maximaler Wert einer Spalte, Durchschnitt, Anzahl
SELECT * FROM Tabelle GROUP BY Feld	Gruppierung nach einem Datenfeld
UPDATE Tabelle SET Spalte1=Wert1,... WHERE Kriterium	Datenänderung in einer oder mehreren Spalten
INSERT INTO Tabelle2 (Feldliste) SELECT Feldliste FROM Tabelle1	fügt Daten einer Tabelle1 in eine andere Tabelle2 ein
DELETE FROM Tabelle WHERE ...	löscht Datensätze sofern ... erfüllt ist

Abb. 5.24 Wichtige SQL-Befehle im Überblick

5.4   Übungen

Übung 5.1

Die folgende Mindmap in Abb. 5.25 fasst das grundlegende Wissen über SQL übersichtlich
und einprägsam zusammen.

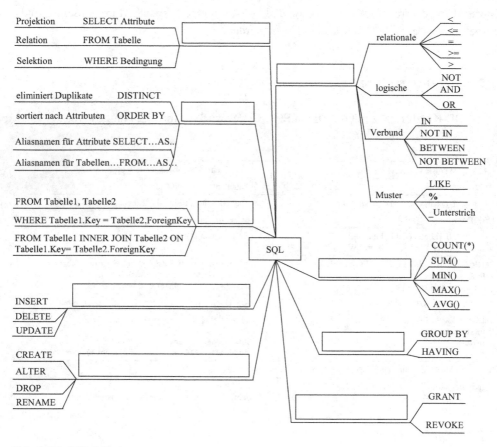

Abb. 5.25   SQL-Mindmap

Aufgabe

Ordnen Sie die folgenden Begriffe den umrandeten Kästchen zu:

1) Ergänzungen,
2) Data Query Language,
3) Data Control Language,
4) Data Definition Language,
5) Data Manipulation Language,
6) Join,
7) Gruppierung,
8) Aggregation,
9) Operatoren.

Vorbereitungen zu den Übungen 5.2–5.7

Arbeiten mit SQL und Access

In Access 2016 werden Datenbanken sehr übersichtlich dargestellt und Access bietet viele Assistenten, die dem Anwender lästige und schwierige Aufgaben abnehmen. Datenbanken können mit Access schnell erstellt und gepflegt werden. Trotzdem hat der Anwender alle Möglichkeiten, die eine professionelle Datenbank braucht.

In der Datenbank Gruppe Buch befinden sich die Tabellen Veranstaltungen und Mitarbeiter, die im Folgenden dargestellt werden. Diese Tabellen dienen als Grundlage für die Übungen 5.2, 5.3 sowie 5.5 bis 5.7.

Wenn die folgenden Übungen mit der Datenbank Gruppe Buch durchgeführt werden, dann kann eine beliebige Abfrage geöffnet und in der SQL-Ansicht der SQL-Code eingegeben werden. Die SQL-Ansicht kann im geöffneten Abfrageentwurf rechts unten oder über Start/Ansichten/SQL-Ansicht aufgerufen werden.

Datenbank Gruppe Buch

In der Abb. 5.26 befindet sich die Tabellenstruktur der Tabelle Mitglieder.
In der Abb. 5.27 befinden sich die Daten der Tabelle Mitglieder.
In der Abb. 5.28 befindet sich die Tabellenstruktur der Tabelle Veranstaltungen.
In der Abb. 5.29 befinden sich die Daten der Tabelle Veranstaltungen.

Abb. 5.26 Tabellenstruktur
der Tabelle Mitglieder

⊞ Mitglieder	
Feldname	**Felddatentyp**
🔑 ID	AutoWert
Anrede	Kurzer Text
Name	Kurzer Text
Vorname	Kurzer Text
Strasse	Kurzer Text
PLZ	Kurzer Text
Ort	Kurzer Text
eMail	Kurzer Text
Telefon	Kurzer Text

⊞ Mitglieder

ID	Anrede	Name	Vorname	Strasse	PLZ	Ort	eMail	Telefon
1	Herr	Abel	Christian	Frühlingsweg 45	70736	Fellbach	cabel@t-online.de	0711/64442
2	Frau	Bittrich	Ursula	In der Au 58	71679	Asperg	ubittrich@t-online.de	07141/654323
3	Herr	Eismann	Juergen	Kruegerstrasse 12	71063	Sindelfingen	jeismann@gmx.de	07031/456778
4	Frau	Meier	Franziska	Zaehringerstr. 6	71680	Asperg	fmeier@aol.de	07141/445566
5	Frau	Raffke	Frieda	Goethestr. 20	70563	Stuttgart	fraffke@freenet.de	0711/45637
6	Herr	Vogel	Juergen	Koenigstr. 20	70563	Stuttgart	jvogel@t-online.de	0711/12345
7	Herr	Wachtheimer	Martin	Traunstr. 34	70736	Fellbach	mw@topprov.de	0711/4455432
8	Frau	Bohnert	Gisela	Badstr. 5	71682	Asperg	g.bohnert@t-online.de	07141/897654
9	Frau	Fischer	Gabi	Theklastr. 77	71034	Boeblingen	gfischer@aol.de	07031/456876
10	Herr	Hund	Hans-Joerg	Kurze Str. 5	71034	Boeblingen	hj.hund@topnet.de	07031/321321
11	Herr	Geiser	Gernot	Reiterweg 12	71063	Sindelfingen	ggeiser@topnet.de	07031/56543
12	Herr	Schwarz	Peter	Habichtweg	71034	Boeblingen	schw@topprov.de	07031/998877
13	Frau	Klein	Karin	Mauerstr. 64	70794	Filderstadt	akklein.@gmx.de	070794/66543
14	Frau	Reppin	Jutta	Saalburgstr. 3	71034	Boeblingen	jreppin@web.de	07031/666665
15	Frau	Holdermann	Susanna	Hauptstrasse 14	71063	Sindelfingen	sholdermann@t-online.de	07031/987654
16	Frau	Schneider	Magda	Pestalozziweg 4	71063	Sindelfingen	magda.schneider@topprov.de	07031/555534
17	Frau	Grassmann	Heide	Galvanistr. 34	70563	Stuttgart	hgrassmann@freenet.de	0711/44455
18	Herr	Bertelmann	Juergen	Gutaweg	70563	Stuttgart	jbertelmann@aol.de	0711/33445
19	Herr	Klinkler	Rolf	Pauli-Weg 14	70736	Fellbach	rklinkler@gmx.de	0711/111445
20	Herr	Froehlich	Eugen	Ulmer Str. 44	71034	Boeblingen	efroehlich@web.de	07031/455667
21	Frau	Bauer	Jutta	Hauptstr. 13	70794	Filderstadt	jbauer@topprov.de	070794/99887
22	Herr	Huber	Gregor	Im Tal 12	73734	Esslingen	ghuber@t-online.de	0711/4567
23	Herr	Jetter	Peter	Im Hubhof 6	73734	Esslingen	pjetter@topnet.de	0711/454532
24	Frau	Muenster	Frauke	Schlossallee 22	73735	Esslingen	fmuenster@t-online.de	0711/6655142
25	Herr	Helber	Karl	Gruenweg 32	73734	Esslingen	khelber@freenet.de	0711/7776665
26	Frau	Tiemann	Jutta	Breitweg 14	71681	Asperg	jtiemann@freenet.de	07141/456782
27	Herr	Fischer	Rudolf	Kaiserweg 12	71063	Sindelfingen	rfischer@topnet.de	07031/112233
28	Herr	Bauer	Harald	Finkengasse 14	70736	Fellbach	harald.bauer@topprov.de	0711/665532
29	Frau	Meier	Anja	Krumme Gasse 55	71679	Asperg	jmeier@t-online.de	07141/444555
30	Herr	Fischer	Gert	Pflaumenweg 44	70794	Filderstadt	g.fischer@freenet.de	070794/34455

Abb. 5.27 Daten der Tabelle Mitglieder

Abb. 5.28 Tabellenstruktur der Tabelle Veranstaltungen

	Feldname	Felddatentyp
🔑	ID	AutoWert
	Vname	Kurzer Text
	Typ	Kurzer Text
	Preis	Zahl
	Beginn	Datum/Uhrzeit
	Ende	Datum/Uhrzeit

Veranstaltungen

ID	Vname	Typ	Preis	Beginn	Ende
1	St. Roman	Fahrrad_A	50,75	01.07.2018	01.07.2018
2	Oberstdorf	Fahrrad_B	70	06.07.2018	06.07.2018
3	Flums	Fahrrad_B	200	10.08.2018	12.08.2018
4	Elm	Fahrrad_B	700	15.07.2018	21.07.2018
5	Todtmoos	Fahrrad_A	45	02.08.2018	02.08.2018
6	Knibis	Fahrrad_A	42	20.09.2018	23.09.2018
7	Pondresina	Fahrrad_C	900	10.09.2018	17.09.2018
8	Feldberg	Fahrrad_B	250	01.09.2018	03.09.2018
9	St. Moritz	Fahrrad_B	1500	01.10.2018	14.10.2018
10	Davos	Fahrrad_C	1200	28.09.2018	10.10.2018
11	Arlberg	Fahrrad_B	450	02.09.2018	06.09.2018
12	Albstadt	Fahrrad_A	30	01.09.2018	01.09.2018

Abb. 5.29 Daten der Tabelle Veranstaltungen

Übung 5.2

Martin Müller möchte für seine Fahrradvermietung einige Abfragen durchführen. Er möchte vor allem die Tabelle Mitglieder der Datenbank Gruppe Buch mit den Spalten (ID, Anrede, Name, Vorname, Strasse, PLZ, Ort, eMail, Telefon) nach verschiedenen Kriterien abfragen.

```
SELECT Spalte angeben oder *
FROM Tabellen
WHERE Suchkriterien (Texte in Anführungszeichen oder numerische Werte ohne
Anführungszeichen)
ORDER BY Spalte ASC = Ascending/Aufsteigend DESC = Descending/Absteigend;
```

Aufgaben

Öffnen Sie die Datenbank Gruppe Buch und führen Sie die folgenden Abfragen mit SQL aus:

1) Der Vorstand überlegt sich, wo die nächste Mitgliederversammlung stattfinden soll. Erstellen Sie Abfragen, in der die Mitglieder aus Stuttgart und Esslingen dargestellt werden.
2) Erstellen Sie eine Abfrage aller Mitglieder aus Asperg und sortieren Sie die Mitglieder nach ihren Nachnamen alphabetisch aufsteigend.
3) Machen Sie eine Abfrage, welche Mitglieder unter der PLZ 70563 wohnen.
4) Machen Sie eine Abfrage, welches Mitglied mit dem Nachnamen Fischer die Fahrradvermietung hat.

Übung 5.3

Martin Müller möchte für seine Fahrradvermietung einige Abfragen mit Vergleichsoperatoren durchführen. Er möchte vor allem die Tabelle Mitglieder der Datenbank Gruppe Buch mit den Spalten (ID, Anrede, Name, Vorname, Straße, PLZ, Ort, E-Mail, Telefon) und die Tabelle Veranstaltungen mit den Spalten (ID, Vname, Typ, Preis, Beginn, Ende) nach verschiedenen Kriterien abfragen.

```
SELECT Spalte angeben oder *
FROM Tabellen
WHERE Suchkriterien (Texte in Anführungszeichen oder Numerische Werte
ohne Anführungszeichen)
ORDER BY Spalte ASC = Ascending/Aufsteigend DESC = Descending/Absteigend;
```

Ausgabe einer ausgewählten Anzahl von Attributen

1) Von allen Mitgliedern sollen der Vor- und Nachname, PLZ und die Telefonnummer angezeigt werden. Als erstes sollen die Mitglieder mit der höchsten PLZ aufgelistet werden.

Selektion mit einer Bedingung (einfacher Textvergleich)

2) Die Attribute ID, Anrede, Name, Vorname aller weiblichen Mitglieder sollen aufgelistet werden.
3) Es sollen alle Mitglieder aus Asperg mit Ort, Name und Vorname alphabetisch aufgelistet werden (bei gleichen Nachnamen soll nach dem Vornamen geordnet werden).

Selektion mit einer Bedingung (numerischer Vergleich)

4) Gewünscht wird eine Auflistung aller Mitglieder (Vorname, Name, ID), deren ID über 10 liegt.

Selektion mit einer Bedingung (Vergleich mit Datumswert)

5) Alle Veranstaltungen, die vor dem 01.09.2018 beginnen, sollen nach ihrem Veranstaltungsnamen absteigend sortiert aufgelistet werden (ID, Vname, Beginn).

Abfrage mit berechnetem Feld

6) Mit Hilfe einer Abfrage der Tabelle Veranstaltungen soll aufgelistet werden, wie hoch die Preise bei einer 3,5%igen Preiserhöhung von Veranstaltungen mit Typ Fahrrad_A sein werden (Vname, Typ, bisheriger Preis, neuer Preis).

Selektion mit mehreren Bedingungen (UND-Verknüpfung)

7) Es sollen alle Mitglieder (männlich) aufgelistet werden, die aus Stuttgart kommen (Anrede, Name, Vorname und Ort).

Selektion mit mehreren Bedingungen (ODER-Verknüpfung)

8) Von allen Mitgliedern aus Stuttgart und Sindelfingen sollen Name, Vorname und Ort aufgelistet werden.

Selektion mit der Zwischen-Bedingung

9) Aufzulisten sind alle Veranstaltungen, deren ID zwischen 1 und 10 liegt (Attribute: ID, Vname, Preis).

Selektion mit der Aggregatfunktion

10) Zu ermitteln ist die Summe aller Veranstaltungspreise, die als Gesamtpreis ausgegeben wird.
11) Zu ermitteln ist der durchschnittliche Veranstaltungspreis, der als Durchschnittspreis ausgegeben werden soll.

Übung 5.4

Gegeben ist eine Tabelle Artikel und eine Tabelle Bestellung. Diese beiden Tabellen sind durch eine 1:MC-Beziehung (bzw. 1:∞-Beziehung in Access) miteinander verbunden. Interpretieren Sie die folgenden beiden SQL-Codes. Was wird genau abgefragt?

```
1)  SELECT Artikel.Artikelname
    FROM Artikel
    INNER JOIN Bestellung ON Artikel.ArtikelID = Bestellung.ArtikelID
    GROUP BY Artikel.Artikelname;
2)  SELECT Artikel.Artikelname, Bestellung.BestellungID
    FROM Artikel
    LEFT JOIN Bestellung ON Artikel.ArtikelID = Bestellung.ArtikelID
    WHERE Bestellung.BestellungID IS Null;
```

Übung 5.5
Martin Müller hat ein zweites Standbein für sein Fahrradgeschäft geschaffen. Durch die
Mitgliedschaft in einem Fahrradverein haben gute Kunden die Möglichkeit, an Sommer-
ausflügen mit dem Fahrrad teilzunehmen. Damit gibt es natürlich wieder viel zu tun für
den neuen Kassenwart Ferdinand. Er soll die neuen Mitglieder in der Tabelle Mitglieder
der Datenbank Gruppe Buch erfassen.

```
Syntax 1: In der angegebenen Reihenfolge der Spalten
INSERT INTO Tabellenname (Spalte 1, Spalte 2, …)
VALUES (Inhalt_fuer_Spalte 1, Inhalt_fuer_Spalte 2, …);
Syntax 2: In der Reihenfolge der Spalten in der Datenbank
INSERT INTO Tabellenname
VALUES (Inhalt_fuer_Spalte 1, Inhalt_fuer_Spalte 2, …);
```

Aufgabe
Helfen Sie Ferdinand bei den Eingaben von neuen Datensätzen in die Tabelle. Geben Sie
in Microsoft Access den Befehl in das SQL-Abfragefenster ein.

Der Verein kann ein neues Mitglied begrüßen. Michael Metzler wohnt in der Hasenberg-
steige 46 in 70178 Stuttgart (eMail: „mmetzler@gmail.com", Telefon: „0177-5633622").

▶   **Hinweis** Wenn Sie die Mitgliedernummer nicht angeben, generiert die Datenbank
      eine.

Übung 5.6
Ferdinand ist als neuer Kassenwart im Fahrradverein damit beauftragt, die Adressände-
rungen der Mitglieder in die Datenbank des Vereins einzugeben.

```
UPDATE Tabellenname
SET Spalte = Ausdruck, …
WHERE Bedingung;
```

Aufgabe
Helfen Sie Ferdinand bei den Änderungen der Mitgliederdaten in Datenbank Gruppe
Buch. Notieren Sie die entsprechenden Befehle (Kurzform) und falls erforderlich das
Ergebnis.

1) Frau Gabi Fischer (ID 9) ist wieder zu ihrem Mann in den Kaiserweg 12, 71063 Sindelfingen gezogen. Sie verwendet das Telefon von ihm („07031-112233").
2) Nachdem es bei freenet eine Kundenwerbeprämie gab, sind die Mitglieder Gabi
   Fischer (ID 9) und Jürgen Bertelmann (ID 18) zu freenet gewechselt. Ihre neuen
   eMail-Adressen lauten: „gfischer@freenet.de", „jbertelmann@freenet.de".

3) Bei der Veranstaltung mit der ID 9, also bei dem Ausflug nach St. Moritz, muss das bestehende Datum korrigiert werden (15.10.2018 bis 28.10.2018).

4) Aufgrund des warmen Herbstes kann die Veranstaltung Feldberg (ID 8) mit dem „Fahrrad_C" anstatt mit dem „Fahrrad_B" durchgeführt werden.

5) Für die Veranstaltung (ID 10) kam eine Reklamation herein. Sie soll genau ein Jahr später stattfinden.

6) Die Preissteigerungen in den Skigebieten machen sich auch in den Preisen für die Veranstaltungen bemerkbar. Generell sollen die Preise deshalb um 15 % erhöht werden.

Übung 5.7

Martin Müller führt für seine Fahrradvermietung eine eigene Datenbank Gruppe Buch, in der er eine Tabelle Mitglieder erstellt hat. In dieser Tabelle werden alle Mitglieder mit dem Namen, der Adresse und weiteren Angaben aufgeführt. Durch die Mitgliedschaft können die Mitglieder einen viel günstigeren Mietpreis für Fahrräder in Anspruch nehmen. Es wird jetzt aber langsam Winter und die Aufträge gehen zurück. Darüber hinaus haben einige Mitglieder die Mitgliedschaft wieder gekündigt.

```
DELETE FROM Tabellenname
WHERE Bedingung;
```

Aufgaben

Helfen Sie Martin Müller bei den Löschungen der Mitglieder aus seiner Datenbank.

1) Herr Christian Abel hat seine Mitgliedschaft gekündigt.

2) Herr Helber (ID 25) hat seine Mitgliedschaft ebenfalls gekündigt.

3) Nachdem Herr Helber die Fahrradvermietung verlassen hat, verlassen alle Kunden aus Stuttgart ebenfalls die Fahrradvermietung.

4) Alle Mitglieder, die bei freenet eine eMail-Adresse haben (%@freenet.de), wollen die Fahrradvermietung verlassen.

Literatur

1. Kudraß T (2015) Taschenbuch Datenbanken, 2. Aufl. Carl Hanser, München
2. Hölscher L (2016) Microsoft Access 2016. Umfassendes Grundwissen: Vom Tabellen-Design bis zur VBA-Programmierung. O'Reilly, Heidelberg
3. Swoboda B, Buhlert S (2013) Access 2013. Fortgeschrittene Techniken für Datenbankentwickler. Herdt, Bodenheim
4. Weikert A (2011) Access 2010 für Windows. Fortgeschrittene Techniken für Datenbankentwickler. Herdt, Bodenheim

Datenbankübungen mit Access

6

Zusammenfassung

Mit Hilfe des Datenbankmanagementsystems MS Access 2016 wird im sechsten Kapitel gezeigt, wie mit Datenbanken grundsätzlich gearbeitet werden kann, wie Tabellen angelegt werden, wie der richtige Felddatentyp und die zugehörige Feldgröße ausgewählt werden und welche Hilfsmittel wie Gültigkeitsregeln und Eingabehilfen bei einem begrenzten Vorrat möglicher Attributwerte (Domänen) zur Verbesserung der Datenintegrität eingesetzt werden können. Die Tabellen werden dann über Beziehungen miteinander verbunden. Diese Beziehungen können erzeugt, bearbeitet und gelöscht werden. Da sich Datensätze einer Tabelle über Formulare übersichtlich anzeigen, eingeben und bearbeiten lassen, werden im nächsten Abschnitt die Formulare eingehend behandelt. Im Weiteren werden die Möglichkeiten von Abfragen zur Informationsgewinnung und zur Veränderung des Datenbestands demonstriert. Dabei wird die Auswahlabfrage als häufigste Abfrageform und die Verknüpfung mit Funktionen eingehend erläutert. Am Ende wird die Datenausgabe über Berichte dargestellt. Ein Bericht ist ein Datenbankobjekt, mit dem die Daten von Tabellen oder Abfragen angezeigt, zusammengefasst und anschaulich gedruckt werden können.

6.1 Basiswissen in Access

6.1.1 Einführung in Access

Access ist ein Datenbankmanagementsystem, mit dem große Datenmengen gespeichert und verwaltet werden können. Eine Datenbank stellt dagegen nichts anderes als eine Sammlung von Daten in strukturierter Form dar. Die Strukturierung erfolgt dabei in Tabellen. Jede Tabelle einer Datenbank enthält immer nur Daten zu genau einem Thema. Datenbanken bestehen somit normalerweise aus mehreren, miteinander verknüpften Tabellen.

© Springer Fachmedien Wiesbaden GmbH, ein Teil von Springer Nature 2018
F. Herrmann, *Datenorganisation und Datenbanken*,
https://doi.org/10.1007/978-3-658-21331-2_6

Access ermöglicht es, Datenbanken zu erstellen, Informationen der Datenbank hinzu-zufügen, Daten zu bearbeiten, verändern, sortieren, filtern, abzufragen, auszuwerten und zu drucken [1, 2].

Die Benutzer von Access können in Datenbankentwickler und Datenbankanwender unterteilt werden [3]:

- Datenbankentwickler planen die Datenbank, erstellen die Datenbankstruktur, fügen Formulare zur Datenerfassung sowie Berichte zur Darstellung und Auswertung von Daten hinzu.
- Datenbankanwender arbeiten mit bestehenden Datenbanken. Sie greifen auf eine Datenbank zu, um neue Datensätze anzulegen, zu bearbeiten und zu löschen, um Infor-mationen zu suchen, zu filtern und abzufragen oder um Berichte zu erstellen und auszudrucken.

6.1.2   Access Startfenster

Wie Abb. 6.1 zeigt, kann Access 2016 über die Startschaltfläche aufgerufen werden (1). Falls Access zuvor noch nie gestartet wurde, sind im Suchfeld des Startmenüs die Anfangs-buchstaben des Programmnamens (ac) einzugeben und Access 2016 auszuwählen (2).

Das Access-Anwendungsfenster in der Abb. 6.2 wird nach dem Start des Pro-gramms standardmäßig in der Backstage-Ansicht angezeigt. Die Backstage-Ansicht

Abb. 6.1 Access über die
Startschaltfläche starten

Access 2016 (1)

Snipping Tool

Publisher 2016

Minianwendungsgalerie

CDBurnerXP

Rechner

Erste Schritte

▶   Alle Programme

Programme/Dateien durchsuchen   ₒ
(2)

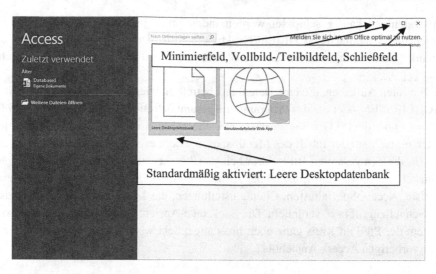

Abb. 6.2   Die Backstage-Ansicht in Access

bietet Funktionen, die die komplette Datenbank betreffen. Access beginnt direkt mit einem Startbildschirm, auf dem eine vorhandene Datenbank geöffnet oder eine neue Datenbank angelegt werden kann. Wenn schon Datenbanken angelegt wurden, dann werden sie auch bei den zuletzt verwendeten Datenbanken angezeigt [1].

6.1.3   Datenbank erstellen, öffnen und schließen

Eine neue Datenbank kann erzeugt werden, wenn nach dem Starten von Access die Schaltfläche LEERE DESKTOPDATENBANK aktiviert und in das dann erscheinende Eingabefeld DATEINAME der Name der neuen Datenbank eingegeben wird. Sie wird automatisch die Endung .accdb erhalten. Soll ein bestimmter Pfad vorgegeben werden, so kann über das orangefarbene Ordnersymbol ein neuer Pfad angegeben werden. Anschließend muss die Schaltfläche ERSTELLEN bestätigt werden, um eine Datenbank zu erzeugen [1].

Eine bestehende Datei kann geöffnet werden, indem die Schaltfläche WEITERE DATEIEN ÖFFNEN aktiviert wird. Daraufhin wird das Dialogfenster ÖFFNEN eingeblendet, aus dem dann die entsprechende Datenbank ausgewählt werden kann. Standardmäßig werden in Access 2016 bis zu vier Datenbanken, die zuletzt geöffnet wurden, angezeigt. Bei Aktivierung der Kategorie ZULETZT VERWENDET werden bis zu 25 Datenbanken angezeigt, die zuletzt geöffnet wurden. Häufig ist es so, dass einige wenige Datenbanken besonders häufig benötigt werden. Dann ist es lästig, wenn diese aus der ZULETZT VERWENDET-Liste verschwinden. Die Anzahl der zuletzt verwendeten Datenbanken kann deshalb über DATEI/OPTIONEN und dann im Dialogfeld in der Kategorie CLIENTEINSTELLUNGEN in der Gruppe ANZEIGEN verändert werden [1].

Eine Datenbank kann geschlossen werden, indem im Register DATEI im linken Fensterbereich die Schaltfläche SCHLIEßEN aktiviert wird. Daraufhin wird nicht nur die Datenbank geschlossen, sondern auch das ACCESS-Startfenster (Backstage-Ansicht) geöffnet [1].

Die zentralen Aufgaben, die eine Datenbank betreffen, wie zum Beispiel das ÖFFNEN oder SCHLIESSEN, oder die das Programm insgesamt betreffen, wie zum Beispiel OPTI-ONEN, sind über die DATEI-Registerkarte erreichbar. Bei einem Klick auf DATEI ändert sich nicht einfach nur der Inhalt des Menübands, sondern es wird die Backstage-Ansicht dargestellt, die den gesamten Bildschirm belegt. Über Access-Optionen lassen sich zentrale Einstellungen, wie zum Beispiel der Anwendungstitel, das Anwendungssymbol, die Statusleiste, Access-Spezialtasten, Clienteinstellungen, das Menüband, die Symbolleiste für den Schnellzugriff usw. verändern. Die Backstage-Ansicht kann wieder verlassen werden, indem der Pfeil im Kreis ganz oben links angeklickt wird. Dann erfolgt eine Rückkehr zur vorherigen Access-Ansicht [1].

6.1.4   Access-Bildschirmelemente

In Access gibt es die folgenden Bildschirmelemente, die in Abb. 6.3 dargestellt werden [1]:

- **Symbolleiste für den Schnellzugriff:** Über die Symbolleiste können häufig benötigte Befehle, wie zum Beispiel das Speichern einer Datei, durch Anklicken des entsprechenden Symbols ausgeführt werden.
- **Menüband:** Das Menüband ist in verschiedene Register unterteilt, die jeweils die wichtigsten Befehle für eine jeweilige Aufgabe enthalten. Die Elemente eines Registers sind in Gruppen angeordnet.

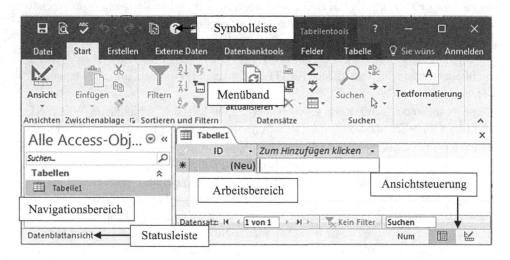

Abb. 6.3   Access-Bildschirmelemente

- **Navigationsbereich:** Im Navigationsbereich werden alle Datenbankobjekte der geöffneten Datenbank angezeigt.
- **Arbeitsbereich:** Im Arbeitsbereich können Formulare, Tabellen, Abfragen oder Berichte bearbeitet werden.
- **Ansichtssteuerung:** In der Ansichtssteuerung besteht die Möglichkeit, zwischen verschiedenen Ansichten zu wechseln.
- **Statusleiste:** In der Statusleiste finden sich Hinweise zum aktuellen Programmstatus.

6.1.5   Access-Hilfe

Während der Arbeit mit Access kann über die Hilfe nach Erläuterungen für Begriffe gesucht werden. Dabei sollte wie folgt vorgegangen werden [1]:

- Zunächst sollte das Symbol ? in der rechten oberen Ecke des Anwendungsfensters oder die Funktionstaste F1 betätigt werden.
- Anschließend werden ein oder mehrere Begriffe in das Suchfeld (1) eingetragen und mit der Return-Taste bestätigt. Daraufhin werden die entsprechenden Hilfethemen (2) eingeblendet, die dann gelesen werden können.

Im Inhaltsverzeichnis stehen eingeordnet in verschiedenen Themenbereichen sämtliche Hilfetexte zur Verfügung. Wie Abb. 6.4 zeigt, wird neben der Access-Hilfe den Benutzern von Microsoft eine Online-Hilfe zur Verfügung gestellt.

6.1.6   Navigationsbereich

Nach dem Öffnen einer Datenbank wird standardmäßig der Navigationsbereich eingeblendet. Der Navigationsbereich bietet eine Art Arbeitsmappe an, die alle Datenbankobjekte

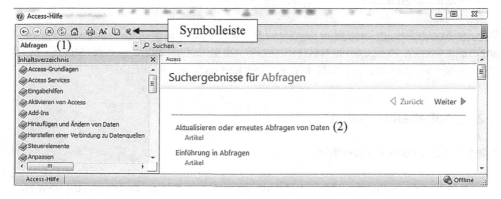

Abb. 6.4 Access-Hilfe mit Liste der gefundenen Hilfethemen

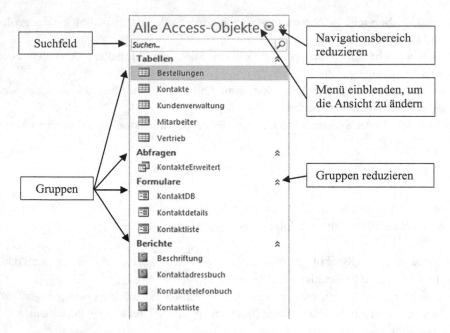

Abb. 6.5   Der Navigationsbereich

einer Datenbank enthält und die einen schnellen Zugriff auf diese Objekte ermöglicht. Wichtige Datenbankobjekte, die im Navigationsbereich angezeigt und ausgewählt werden können, sind [1]:

- **Tabellen:** Sammlungen von Daten zu einem bestimmten Thema.
- **Abfragen:** Enthalten Auswertungen von Daten aus einer oder mehreren Tabellen.
- **Formulare:** Dienen der Ansicht, Eingabe und Bearbeitung von Daten aus Tabellen und Abfragen.
- **Berichte:** Dienen der anschaulichen Darstellung und Zusammenfassung von Daten aus Tabellen und Abfragen.

Wie die Abb. 6.5 zeigt, kann über das Menü festgelegt werden, welche Datenbankobjekte angezeigt werden. Der gesamte Navigationsbereich, als auch die Gruppen der Datenbankobjekte können über Pfeilschaltflächen geöffnet und reduziert werden.

6.2   Tabellen erstellen

6.2.1   Aufbau von Tabellen

Eine Tabelle, wie sie in der Abb. 6.6 dargestellt wird, ist eine Sammlung von Daten zu einem bestimmten Thema. Sie besteht aus Zeilen und Spalten, wobei die Einträge, die in

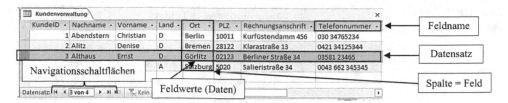

Abb. 6.6 Der Aufbau von Tabellen

einer Zeile der Tabelle stehen, den Datensatz bilden und die Einträge, die in einer Spalte der Tabelle stehen, die Feldwerte eines Feldes enthalten. Die Spaltenüberschrift, wie zum Beispiel die KundeID, wird als Feldname bezeichnet [1].

Die Zeile bzw. der Datensatz einer Tabelle enthält zum Beispiel die KundeID, Nachname, Vorname, Land, Ort, PLZ, Rechnungsanschrift und die Telefonnummer eines Mitarbeiters. Die Spalte einer Tabelle enthält ein Feld, wie zum Beispiel die Orte bzw. Wohnorte der Kunden.

6.2.2 Grundlagen zur Erstellung von Tabellen

Eine Tabelle kann in der Datenblattansicht und in der Entwurfsansicht erstellt werden. Wenn man eine neue Datenbank erstellt, dann wird automatisch eine erste Tabelle in der Datenblattansicht zur Verfügung gestellt. In der Datenblattansicht besteht die Möglichkeit, mehrere Datensätze gleichzeitig zu sehen. Um spezielle Einstellungen vorzunehmen, wird jedoch die Entwurfsansicht benötigt. In der Entwurfsansicht können Sie alle Eigenschaften der einzelnen Felder definieren, unter anderem individuelle Formatierungen und Gültigkeitsregeln [1].

Jedes Feld einer Tabelle besitzt einen bestimmten Felddatentyp (bzw. Datentyp), der festlegt, welche Daten eingegeben werden können und wie diese Daten angezeigt werden. In den Feldern einer Tabelle können nur Eingaben getätigt werden, die den zugewiesenen Felddatentypen entsprechen. Beispielsweise kann in ein Feld des Felddatentyps Zahl kein Text eingegeben werden. Bei der Festlegung der Felder sollte darauf geachtet werden, dass jedes Feld nur ein Datenelement enthält, d. h. dass Kundennamen auf die Felder Vorname sowie Name und eine Kundenadresse auf Straße, PLZ sowie Ort aufgeteilt werden sollte. Dadurch können Datensätze nach den Feldern Nachname, PLZ oder Ort sortiert werden. Des Weiteren sollten Felder nach den Informationen, die sie speichern, sortiert werden. Die Abb. 6.7 zeigt Beispiele für Felder mit Felddatentypen und die Abb. 6.8 zeigt die wichtigsten Felddatentypen von Access mit Beschreibungen und Beispielen.

Wie die Abb. 6.9 zeigt, wird im unteren Teil der Entwurfssicht einer Tabelle in Access ein Bereich mit Feldeigenschaften angezeigt. Mithilfe von Feldeigenschaften kann die Arbeit mit einer Datenbank optimiert werden.

Abb. 6.7 Felder mit
Felddatentypen

Informationen	Felder	Felddatentyp
Primärschlüssel	KundeID	Autowert
Mitarbeitername	Name	Kurzer Text
	Vorname	Kurzer Text
Kundenadresse	Strasse	Kurzer Text
	PLZ	Kurzer Text
	Ort	Kurzer Text
Kunde seit	KundeSeit	Datum

Felddatentyp	Beschreibung	Beispiele
AutoWert	Die angezeigte Nummer wird für jeden Datensatz automatisch angelegt. Sie wird nur einmal vergeben und kann nicht verändert oder gelöscht werden. Die Größe beträgt 4 Byte.	1 2 3
Kurzer Text	In diese Felder können Buchstaben, Zahlen und Sonderzeichen eingegeben werden. Die Größe beträgt maximal 255 Zeichen.	EDV-432 0711/412363
Langer Text	In diese Felder können längere Buchstaben, Zahlen und Sonderzeichen eingegeben werden. Die Größe beträgt maximal 65.535 Zeichen.	Bemerkungen Produktinformationen
Zahl	Hier lassen sich Zahlen speichern, mit denen gerechnet werden soll. Hierunter fallen Ganz- als auch Dezimalzahlen mit einer Größe von 1, 2, 4, 8 oder 12 Byte.	65.000 12,413
Ja/Nein	Bei einem Feld dieses Datentyps handelt es sich um ein logisches Feld bzw. Kontrollkästchen, das genau zwei Werte annehmen kann: Ja oder Nein, An oder Aus, Wahr oder Falsch, Kontrollkästchen aktiviert oder nicht aktiviert. Die Größe beträgt ein Bit.	Nein Falsch Aus
Link	Links sind Verknüpfungen zu Dateien, Grafiken oder Internetadressen. Hyperlinks werden unterstrichen und farbig dargestellt. Die Speichergröße beträgt max. 2 Gigabytes.	www.hfwu.de info@ibm.de D:\Bank\Infos
Datum/Uhrzeit	Mit diesem Felddatentyp lassen sich Datums- und Uhrzeitangaben sowie Berechnungen auf verschiedene Art und Weise vornehmen. Die Größe beträgt 8 Byte.	15.03.18 15-03-2018 15/03/2018
Währung	Dieser Datentyp ist für Währungsformate geeignet. Währungsbeträge können auf unterschiedliche Art und Weise eingegeben werden. Anschliessend wird die Eingabe in das vom Datenbankentwickler festgelegte Währungsformat umgewandelt. Die Größe beträgt 8 Byte.	22,30 €
Nachschlage-Assistent	Mit dem Nachschlage-Assistenten kann eine Liste mit Auswahlwerten erstellt werden, aus der der Anwender dann einen bestimmten Wert auswählen kann. Die Größe beträgt 4 Byte.	
Anlage	Dieser Datentyp ist dazu geeignet, um z. B. Grafik-, Audio- und Officedateien zu speichern. Die Speichergröße beträgt max. 2 Gigabytes.	preisliste.docx preisliste.pdf

Abb. 6.8 Felddatentypen in Access

Die Feldeigenschaften werden in der Entwurfssicht nur für das aktuelle Datenfeld angezeigt. Die Auswahl der Feldeigenschaften ist vom jeweiligen Felddatentypen abhängig. In der folgenden Abb. 6.10 werden einige wichtige Feldeigenschaften dargestellt.

6.2.2.1   Die Feldeigenschaften Feldgröße und Dezimalstellen

Die Feldeigenschaft Feldgröße kann für die Felddatentypen Kurzer Text und Zahl verändert werden. Die Feldgröße sollte auf ein notwendiges Maß reduziert werden, da Access dadurch schneller arbeitet und weniger Speicherplatz benötigt wird [1].

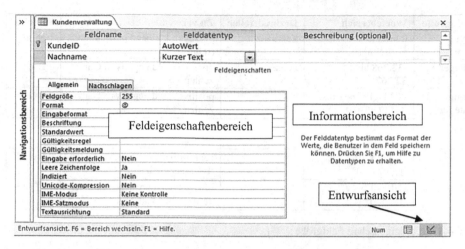

Abb. 6.9 Feldeigenschaften in der Entwurfssicht

Feldeigenschaften	Beschreibung
Dezimalstellen	Festlegung der gespeicherten Dezimalstellen bei Zahlenwerten der Feldgröße Dezimal.
Dezimalstellenanzeige	Legt die Anzahl der Dezimalstellen fest, die bei Gleitkommazahlen angezeigt werden sollen.
Eingabe erforderlich	Bestimmt, ob beim Ausfüllen eine Eingabe erforderlich ist.
Eingabeformat	Definiert verbindliche Muster für die Eingabe von Daten in das Feld.
Feldgröße	Bestimmt den Speicherplatz, der für das Feld zur Verfügung gestellt wird.
Format	Legt das Format für die Ausgabe des Feldinhalts fest.
Gültigkeitsregel	Regel zur Überprüfung einer sinnvollen Eingabe im betreffenden Feld.
Gültigkeitsmeldung	Fehlermeldung, die bei der Eingabe erscheint, die gegen die Gültigkeitsregel des Feldes verstösst.
Leere Zeichenfolge	Hier bestimmen Sie, ob eine leere Zeichenfolge (entspricht zwei doppelten Ausführungszeichen hintereinander "" oder der Eingabe von einem Leerzeichen) als gültiger Eintrag akzeptiert wird.
Neue Werte	Hier wird definiert, wie neue Werte in AutoWert-Feldern erzeugt werden. Es kann zufällig oder fortlaufend (inkrement) sein.
Standardwert	Beim Erzeugen eines Datensatzes wird dieser Wert automatisch in das Feld eingefügt.
Textausrichtung	Hier können Sie festlegen, wie die Textausrichtung standardmäßig eingestellt werden soll.

Abb. 6.10 Feldeigenschaften und Beschreibung

Die Standardvorgabe bei Feldern vom Typ Kurzer Text beträgt 255 Zeichen. Falls mehr Zeichen benötigt werden, kann der Felddatentyp Langer Text verwendet oder ein Textdokument als Anlage angehängt werden. Beim Felddatentyp Langer Text können maximal 65.535 Zeichen eingegeben werden.

Durch die Feldgröße bei Feldern vom Typ Zahl wird der Wertebereich der Daten festgelegt. Daraus ergeben sich der belegte Speicherplatz und die Art der Zahlendarstellung, wie es in Abb. 6.11 dargestellt wird. Standardmäßig ist in Access der Zahlentyp Long Integer eingestellt.

Feldgröße	Wertebereich	Dezimalstellen	Zu verwenden bei...	Speicher
Byte	0 bis 255	keine	positiven kleinen Ganzzahlen (0 bis 255)	1 Byte
Integer	-32.768 bis 32.767	keine	positiven und negativen Ganzzahlen	2 Byte
Long Integer	-2.147.483.648 bis 2.147.483.647	keine	positiven und negativen Ganzzahlen	4 Byte
Single	$-3,4 \times 10^{38}$ bis $3,4 \times 10^{38}$	7	positiven und negativen Dezimalzahlen	4 Byte
Double	$-1,797 \times 10^{308}$ bis $1,797 \times 10^{308}$	15	sehr großen positiven und negativen Dezimalzahlen	8 Byte
Dezimal	$-10^{28} - 1$ bis $10^{28} - 1$	28	sehr genauen positiven und negativen Dezimalzahlen	12 Byte

Abb. 6.11 Feldeigenschaft Feldgröße

Über die Eigenschaft Dezimalstellen kann festgelegt werden, wie viele Dezimalstellen intern von Access gespeichert werden sollen. Dagegen legt die Eigenschaft Dezimalstellenanzeige fest, wie viele Dezimalstellen bei der Anzeige des Feldes in der Datenblattansicht von Tabellen, in der Formularansicht von Formularen usw. angezeigt werden. Diese Eigenschaft gibt es bei Zahlenfeldern der Größen Single, Double und Dezimal sowie bei dem Felddatentyp Währung. Standardmäßig werden zwei Nachkommastellen angezeigt.

6.2.2.2 Standardwerte festlegen

Mit der Festlegung eines Standardwertes können Felder mit einem Inhalt vorbelegt werden [1]. Bei der Erstellung eines neuen Datensatzes werden diese Werte eingefügt. Bei der Eigenschaft Standardwert sollte ein Wert eingefügt werden, wenn viele Datensätze diesen Wert erhalten. Wenn beispielsweise viele Kunden Frauen sind, dann besteht die Möglichkeit, im Feld Anrede den Standardwert auf Frau zu setzen. Dadurch wird das Feld Anrede bei der Eingabe eines neuen Datensatzes mit dem Standardwert versehen. Bei den Datentypen AutoWert und Anlage kann aber zum Beispiel kein Standardwert eingegeben werden.

Wenn zum Beispiel gewünscht wird, dass in einem Datum/Uhrzeit-Feld immer das aktuelle Datum angezeigt wird, wie es bei Rechnungen der Fall ist, dann kann der Eigenschaft Standardwert die Funktion Datum() zugewiesen werden. Access erkennt dann die Funktion und zeigt den entsprechenden Wert automatisch in der Datenblattansicht an.

6.2.2.3 Feldeigenschaft Format

Bei Texten oder numerischen Werten kann die Speicherung der Werte von der Darstellung der Werte abweichen. Durch die Formatierung von Feldern erhält der Benutzer eine gut lesbare und einheitliche Anzeige, indem zum Beispiel die Anzahl der Nachkommastellen, Währungsformate oder führende Nullen festgelegt werden [1]. Eine führende Null ist eine ganz links stehende Null in Zahlenwerten, die nur eine Füllfunktion hat. Füllnullen werden verwendet, um zu kurze Ziffernfolgen in Codes auf eine vorgeschriebene Standardlänge zu bringen, wie zum Beispiel bei Datumswerten.

Access bietet zum Beispiel die folgenden vordefinierten Anzeigeformate:

- Wenn bei einem Feld des Datentyps Zahl oder Währung die Feldeigenschaft Format gewählt wird, dann erscheinen in einem Listenfeld verschiedene Feldgrößen bzw. Währungen zur Auswahl, wobei standardmäßig Long Integer und die Landeswährung EUR eingestellt ist. Für das Feld Preise könnte jetzt zum Beispiel auf das Format Double mit standardmäßig zwei Nachkommastellen umgestellt werden.
- Wenn bei einem Feld des Datentyps Datum/Uhrzeit die Feldeigenschaft Format gewählt wird, dann erscheinen in einem Listenfeld sieben verschiedene Darstellungsarten des Datums und der Zeit zur Auswahl, wobei standardmäßig das Datum kurz und die Zeit lang ausgewählt wird.
- Wenn bei einem Feld des Datentyps Ja/Nein, Wahr/Falsch, oder Ein/Aus die Feldeigenschaft Format gewählt wird, dann wird in Access standardmäßig ein boolesches Feld, d. h. ein Feld mit nur zwei Zuständen, in einem Kontrollfeld-Steuerelement angezeigt. Die wählbaren Formate wirken sich erst aus, wenn das Feld in einem Textfeld-Steuerelement angezeigt wird.

Es können fast allen Datentypen neben den vordefinierten Formaten auch benutzerdefinierte Formate zugewiesen werden. Diese Formate sind besonders dann sinnvoll, wenn zu Zahlen auch noch beschreibende Texte, wie zum Beispiel kg oder Personen hinzugefügt werden sollen. Wenn zum Beispiel beim Datenfeld Gewicht neben einem Zahlenwert auch die Bezeichnung kg ausgegeben werden soll, dann kann der Datentyp Zahl vergeben werden. Bei der Eigenschaft Format des Datenfeldes Gewicht erfolgt der Eintrag: 0,0"kg". Die Maßeinheit dient lediglich der besseren Darstellung und wird nicht gespeichert.

6.2.2.4   Feldeigenschaft Eingabeformat

Im Gegensatz zu der Feldeigenschaft Format, welche das Datenanzeigeformat nach der Eingabe festlegt, kann über die Feldeigenschaft Eingabeformat die Dateneingabe beeinflusst und vereinfacht werden. Es kann bestimmt werden, wo und in welcher Anzahl Daten in ein Feld eingegeben werden können und müssen. Hierzu wird ein Muster für die Eingabe definiert [1].

Eingabeformate können für die Datentypen Kurzer Text, Langer Text, Zahl, Währung und Datum/Uhrzeit festgelegt werden. Dies ergibt vor allem dann Sinn, wenn die Daten eines Feldes immer den gleichen Aufbau haben, wie zum Beispiel bei Telefonnummern, Postleitzahlen oder Kundennummern. Eingabeformate können Literalzeichen (Klammern, Punkte, Bindestriche usw.), Platzhalterzeichen oder Maskenzeichen enthalten:

- **Literalzeichen** werden von Access automatisch in ein Datenfeld eingefügt und können nicht überschrieben werden.

Platzhalter	Beschreibung
0	Platzhalter für eine Ziffer (0-9). Die Eingabe ist erforderlich und Plus- und Minuszeichen sind nicht erlaubt.
9	Platzhalter für eine Ziffer oder ein Leerzeichen. Die Eingabe steht frei und Plus- und Minuszeichen sind nicht erlaubt.
#	Platzhalter für eine Ziffer, ein Leerzeichen oder ein Plus- und Minuszeichen.
L	Platzhalter für einen Buchstaben (A-Z). Die Eingabe ist erforderlich.
?	Platzhalter für einen Buchstaben (A-Z). Die Eingabe steht frei.
A	Platzhalter für einen Buchstaben oder eine Ziffer. Die Eingabe ist erforderlich.
a	Platzhalter für einen Buchstaben oder eine Ziffer. Die Eingabe steht frei.
&	Platzhalterzeichen für ein beliebiges Zeichen oder ein Leerzeichen. Die Eingabe ist erforderlich.
C	Platzhalterzeichen für ein beliebiges Zeichen oder ein Leerzeichen. Die Eingabe steht frei.

Abb. 6.12 Platzhalterzeichen für Eingabeformate

- **Platzhalterzeichen** sind in der Datenblattansicht nicht sichtbar und stehen in der Formatdefinition anstelle der Zeichen, die der Anwender eingeben soll. Dabei wird festgelegt, ob eine Eingabe erforderlich oder optional sein soll.
- **Maskenzeichen** erscheinen im Eingabefeld anstelle der Platzhalter und werden bei der Dateneingabe überschrieben. Sie sollen die Eingabe erleichtern.

Wichtige Platzhalterzeichen für Eingabeformate werden in der Abb. 6.12 dargestellt.

6.2.2.4.1 Aufbau des Eingabeformats
Das Eingabeformat ist in drei Bereiche unterteilt, die jeweils durch Semikolon getrennt werden und lässt sich wie folgt darstellen [1]:

Eingabeformat;Speicherangabe;Maske, zum Beispiel (99999) 00099999;0; (06135) 12234455

Im ersten Bereich wird das Eingabeformat definiert.

Im zweiten Bereich kann bestimmt werden, ob Literalzeichen gespeichert werden sollen. Wenn die eingegebenen Daten mit den Literalzeichen gespeichert werden sollen, dann müssen hinter dem Eingabeformat ein Semikolon und anschließend eine 0 eingegeben werden. Wenn allerdings nur die eingegebenen Daten gespeichert werden sollen, dann wird nach dem Semikolon keine Eingabe durchgeführt oder eine 1 eingetragen. Die Speicherung von Literalzeichen ist nur bei Textfeldern möglich.

Im dritten Bereich wird das Zeichen eingegeben, das als Maskenzeichen im Feld angezeigt werden soll. Standardmäßig wird als Maske der Unterstrich „_" während der Dateneingabe angezeigt. Andernfalls muss das andere Zeichen als letzter Bestandteil der Formatdefinition eingegeben werden. Ein Leerzeichen wird in doppelten Anführungszeichen eingegeben: " ".

6.2.2.4.2 Eingabeformate erstellen
Mithilfe des Eingabeformat-Assistenten, der in Abb. 6.13 dargestellt wird, können schnell vorgefertigte Eingabeformate für Text- und Datum/Uhrzeit-Felder festgelegt werden. Der Assistent bietet beispielsweise vorgefertigte Muster für Telefonnummern und Postleitzahlen [1].

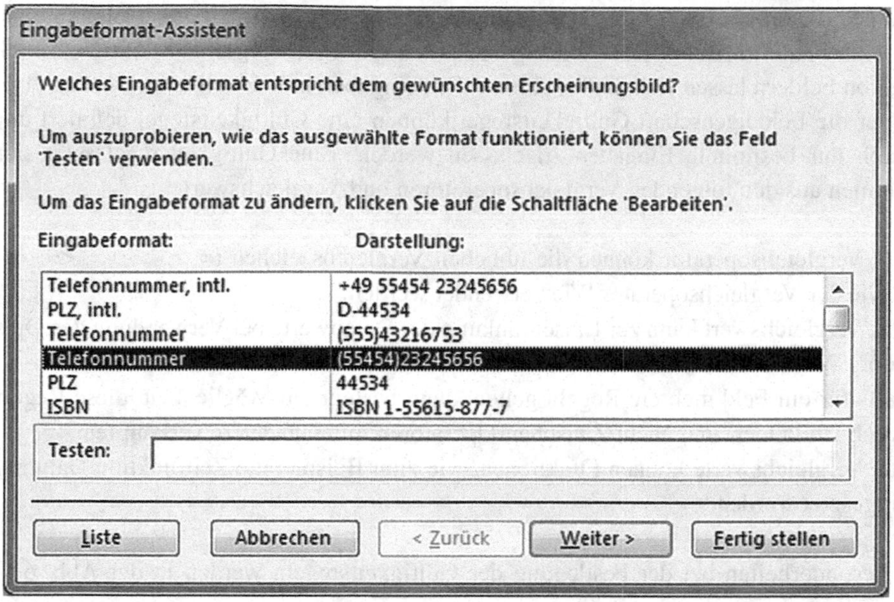

Abb. 6.13   Der Eingabeformat-Assistent

Das Eingabeformat kann mit dem Eingabeformat-Assistenten wie folgt festgelegt werden:

* Der Cursor wird in das Eigenschaftenfeld EINGABEFORMAT des betreffenden Feldes gesetzt.
* Aktivierung der Schaltfläche mit den drei Punkten.
* Bestätigung der Speicheraufforderung mit JA.
* Auswählen des gewünschten Formates im Bereich Eingabeformat (1).
* Im Eingabefeld Testen (2) kann das Eingabeformat getestet werden, indem eine Beispielzeichenfolge eingegeben wird.
* Wenn das Format den Ansprüchen entspricht, dann kann die Schaltfläche FERTIG STELLEN aktiviert oder es können über WEITER die weiteren Schritte des Assistenten ausgeführt werden.

Wenn ein Eingabeformat nicht den Vorstellungen entspricht, dann kann es auch wie folgt geändert werden:

* Aktivieren Sie im Dialogfenster Eingabeformat-Assistent die Schaltfläche LISTE (3), um die Auswahlformate zu ändern oder zu ergänzen.
* Anschließend kann im eingeblendeten Dialogfenster das Eingabeformat angepasst werden.

6.2.2.5   Gültigkeitsprüfung während der Dateneingabe

Die Felddatentypen Datum/Uhrzeit, Zahl, Währung und Ja/Nein verfügen standardmäßig über integrierte Gültigkeitsprüfungen. Wenn zum Beispiel der Wert 51.05.2017 in ein

Datumsfeld oder ein Buchstabe in ein Zahlenfeld eingegeben wird, dann erfolgt automatisch eine Fehlermeldung. Über die Eigenschaften Gültigkeitsregel und Gültigkeitsmeldung von Feldern lassen sich darüber hinaus Fehleingaben individuell einschränken [1].

Über die Feldeigenschaft Gültigkeitsregel können eine Gültigkeitsregel definiert und dadurch nur bestimmte Eingaben zugelassen werden. Eine Gültigkeitsregel setzt sich zusammen aus den folgenden Vergleichsoperatoren und Vergleichswerten:

- Als Vergleichsoperator können die üblichen Vergleichszeichen (=, <, >, >=, <=, <>) sowie der Vergleichsoperator Wie verwendet werden.
- Der Vergleichswert kann zur Einschränkung der Datenwerte bei Verwendung des Operators Wie Platzhalter enthalten.
- Falls für ein Feld mehrere Regeln gelten, dann besteht die Möglichkeit, diese Regeln durch Und/Oder- und Nicht/Zwischen-Operatoren miteinander zu verknüpfen.
- Als Vergleichswerte können Funktionen, wie zum Beispiel die Zeitfunktion Datum(), eingesetzt werden.

Die Besonderheiten bei der Festlegung der Gültigkeitsregeln werden in der Abb. 6.14 dargestellt.

In Abb. 6.15 werden die Gültigkeitsregeln mit dem Vergleichsoperator Wie dargestellt. Nur die in der Tabelle aufgeführten Zeichen können mit dem Vergleichsoperator Wie verwendet werden.

Zusammengesetzte Gültigkeitsregeln können mit den Operatoren Und, Oder, Nicht sowie Zwischen formuliert werden. Diese werden in Abb. 6.16 dargestellt.

Die Abb. 6.17 zeigt Gültigkeitsregeln mit dem aktuellen Datum. Mit der Funktion Datum() kann in Gültigkeitsregeln auf das aktuelle Datum Bezug genommen werden. Die Funktion gibt bei Ausführung das aktuelle Datum aus und verrechnet dies mit den

Felddatentyp	Eingrenzung	Beispiel
Zahlenangaben	Eingabe direkt hinter dem Vergleichsoperator	>=7
Datums- und Zeitangaben	Eingrenzung durch Rauten #	<#12.01.17#
Textangaben	Eingrenzung durch Anführungszeichen	>"Maier"

Abb. 6.14 Besonderheiten bei der Festlegung der Gültigkeitsregeln

Zeichen	Bedeutung	Beispiel	Beschreibung
*	Beliebige Anzahl von Zeichen	Wie "K*"	Alle Kunden, deren Name mit K beginnt
		Wie "[A-E]*"	Alle Kunden mit den Anfangsbuchstaben A bis E
		Wie "[!B]*"	Alle Buchstaben außer B
?	Ein beliebiges Zeichen	Wie "???D"	Alle Namen, die 4 Zeichen lang sind und deren viertes Zeichen ein D ist
		Wie "??S*"	Der dritte Buchstabe muss ein S sein
#	Eine beliebige Ziffer	Wie "#*"	Die Zeichenkette muss mit einer Ziffer beginnen und kann beliebig lang sein
		Wie "####"	Alle Zeichen, die aus 4 Ziffern bestehen

Abb. 6.15 Gültigkeitsregeln mit dem Vergleichsoperator Wie

Abb. 6.16 Zusammengesetzte
Gültigkeitsregeln mit
Operatoren

Operator	Beispiel
Und	Wie "[1-9]" Und Wie "[!4]"
Oder	= "Herr" Oder ="Frau"
Zwischen	Zwischen 5 Und 100
Nicht Zwischen	Nicht Zwischen 5 Und 100

Gültigkeitsregeln mit dem aktuellen Datum	Beispiel
Gültigkeitsregel mit einem aktuellen Datum	>=Datum()
Gültigkeitsregel mit einem Geburtsdatum zwischen dem 1.01.1890 und dem aktuellen Datum	>#1.01.1890# Und <Datum()

Abb. 6.17 Gültigkeitsregeln mit dem aktuellen Datum

angegebenen Operatoren. Diese Gültigkeitsregel eignet sich sehr gut, um die Gültigkeit der Eingabe eines Lieferdatums oder des Geburtsdatums eines Kunden zu überprüfen.

Komplexe Gültigkeitsregeln lassen sich auch mithilfe des Ausdrucks-Generators wie folgt definieren:

- Cursor in das Feld der Eigenschaft GÜLTIGKEITSREGEL setzen, auf die Schaltfläche mit den drei Punkten klicken.
- Im erscheinenden Ausdrucks-Generator wird dann die entsprechende Gültigkeitsregel eingegeben.

Über die Feldeigenschaft Gültigkeitsmeldung kann eine Meldung formuliert werden, die dem Benutzer bei Verstößen gegen die Gültigkeitsregel angezeigt wird.

6.2.2.6 Nachschlagelisten definieren

Nachschlagelisten dienen dazu, Datenfelder des Datentyps Text, Zahl und Ja/Nein mit Werten aus anderen Tabellen oder Abfragen zu verknüpfen oder selbst Wertlisten zu definieren [1]. Während der Bearbeitung der Tabelle kann der Anwender die Werte dann aus einer eingeblendeten Liste auswählen und speichern. Die Werte werden in Kombinations- oder Listenfeldern hinterlegt und unterscheiden sich wie folgt:

- In einem Listenfeld wird stets die komplette Auswahlliste auf einem Formular oder Bericht eingeblendet.
- In einem Kombinationsfeld wird die Auswahlliste auf einem Formular oder Bericht nur eingeblendet, wenn das Feld vorher aktiviert wurde. Nach der Eingabe der Werte wird die Auswahlliste wieder ausgeblendet. Darüber hinaus kann in Kombinationsfeldern auch festgelegt werden, ob der Anwender auch eigene Einträge eingeben darf oder nur Werte aus der zuvor eingegebenen Liste auswählen kann.

Abb. 6.18 Nachschlageliste
mithilfe des Assistenten
erstellen

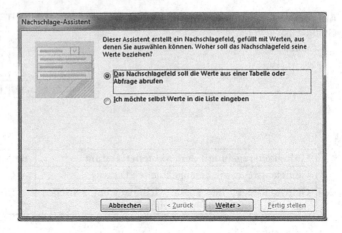

Wie Abb. 6.18 zeigt, können Nachschlagelisten mithilfe des Assistenten wie folgt erstellt
werden:

- Der Cursor wird in die Spalte Felddatentyp des gewünschten Datenfeldes gesetzt.
- Im Listenfeld wird der Nachschlageassistent ausgewählt.
- Wenn die Werte aus einer bestehenden Tabelle oder Abfrage bezogen werden sollen, dann
  muss die Schaltfläche Weiter aktiviert und den weiteren Anweisungen gefolgt werden.
- Wenn die Wertliste selbst erstellt werden soll, dann muss das untere Optionsfeld aktiviert
  und den weiteren Anweisungen gefolgt werden.

6.2.3   Tabelle in der Datenblattansicht erstellen und bearbeiten

6.2.3.1   Neue Tabelle erstellen
Eine neue Tabelle kann in der Datenblattansicht erstellt werden, indem im Register
ERSTELLEN in der Gruppe TABELLEN die Schaltfläche TABELLE ausgewählt wird
[1]. Es wird dann ein Feld mit dem Namen ID und dem Datentyp AutoWert erzeugt, über
das allen Datensätzen eine laufende Nummer zugeordnet wird. Dieses Feld wird automatisch als Primärschlüssel definiert. Dieser Primärschlüssel kann nur in der Entwurfsansicht
individuell definiert werden. Die Abb. 6.19 zeigt, wie eine neue Tabelle in der Datenblattansicht erstellt werden kann.

6.2.3.2   Felder in der Datenblattansicht hinzufügen und ändern
Wenn neue Felder in die Tabelle eingefügt werden sollen, so bestehen dazu mehrere Möglichkeiten [1]:

- **Direkte Eingabe von Daten in die Spalte ZUM HINZUFÜGEN KLICKEN:** Felder
  können erstellt werden, indem Daten in die Spalte ZUM HINZUFÜGEN KLICKEN
  eingegeben werden. Daraufhin wird automatisch der passende Felddatentyp gemäß den

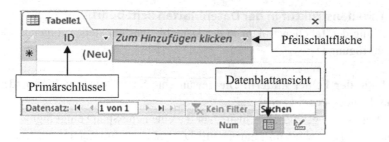

Abb. 6.19 Neue Tabelle in der Datenblattansicht erstellen

im Feld eingegebenen Daten zugeordnet und ein neues Feld mit der Bezeichnung
FELD1 erzeugt. Eine Umbenennung des neu erstellten Feldes in einen aussagekräfti-
gen Namen kann erfolgen, indem mit der rechten Maustaste auf den Spaltenkopf
geklickt wird und im Kontextmenüpunkt FELD UMBENENNEN ein neuer Name eingegeben wird.

- **Neue Felder über die Spalte ZUM HINZUFÜGEN KLICKEN erstellen:** Wenn
  ein neues Feld ohne die Eingabe von Beispieldaten erzeugt werden soll, dann kann
  dies über die Pfeilschaltfläche im Spaltenkopf der Spalte ZUM HINZUFÜGEN
  KLICKEN geschehen. Hier besteht die Möglichkeit, den gewünschten Felddatentypen auszuwählen und für die Standardbezeichnung FELD1 einen neuen Namen
  einzugeben.
- **Felder aus bereits bestehenden Tabellen einfügen:** Eine weitere Möglichkeit, Felder in der Datenblattansicht hinzuzufügen, besteht darin, über Nachschlagefelder
  Daten aus anderen Tabellen in die aktuelle Tabelle einzufügen. Dies geschieht,
  indem der Feldkatalog über die Pfeilschaltfläche im Spaltenkopf der Spalte ZUM
  HINZUFÜGEN KLICKEN geöffnet wird und der Nachschlage-Assistent über den
  Eintrag NACHSCHLAGEN UND BEZIEHUNG aufgerufen wird. Über den Nach-
  schlage-Assistent können dann die gewünschten Felder aus Tabellen ausgewählt
  werden.
- **Neue Felder über die Gruppe HINZUFÜGEN UND LÖSCHEN erstellen:** Im
  Register FELDER in der Gruppe HINZUFÜGEN UND LÖSCHEN kann direkt ein
  Feld mit dem gewünschten Datentyp ausgewählt werden. Dazu stellt Access über die
  Schaltfläche WEITERE FELDER eine Liste häufig verwendeter Felddatentypen mit
  vordefinierter Formatierung zur Auswahl.

Wenn die Felddatentypen bzw. die Formatierungen der Daten nicht den Zielvorstellungen
entsprechen, so besteht die Möglichkeit, die Einstellungen manuell zu ändern. Wenn beispielsweise der Felddatentyp des Feldes PLZ von Zahl auf Text geändert werden soll,
dann muss der Cursor in das Feld gesetzt werden, dessen Datentyp bearbeitet werden soll.
Dann wird im Register FELDER der Gruppe FORMATIERUNG über das Listenfeld
DATENTYP der gewünschte Datentyp ausgewählt.

6.2.3.3   Tabellenstruktur in der Datenblattansicht bearbeiten

Zur Bearbeitung der Tabellenstruktur in der Datenblattansicht stehen folgende Möglichkeiten zur Verfügung [1]:

- **Reihenfolge der Felder ändern:** Die gewünschte Spalte wird markiert und mit der Maus an die neue Position gezogen.
- **Feld einfügen:** Die gewünschte Spalte, vor die eine neue Spalte eingefügt werden soll, wird markiert. Dann wird im Register FELDER in der Gruppe HINZUFÜGEN UND LÖSCHEN auf die Schaltfläche mit dem gewünschten Datentyp geklickt (alternativ über das Kontextmenü FELD).
- **Feld löschen:** Die gewünschte Spalte, die gelöscht werden soll, wird markiert. Dann wird im Register FELDER in der Gruppe HINZUFÜGEN UND LÖSCHEN die Schaltfläche LÖSCHEN aktiviert (alternativ: Löschung über das Kontextmenü FELD durchführen).
- **Tabellenstruktur speichern:** Die Speicherung erfolgt, indem die Schaltfläche SPEICHERN über die Symbolleiste für den Schnellzugriff aufgerufen wird.

6.2.4   Tabelle in der Entwurfsansicht erstellen und bearbeiten

6.2.4.1   Neue Tabelle erstellen

In der Entwurfsansicht lassen sich alle Eigenschaften der einzelnen Felder definieren und bearbeiten, wie zum Beispiel Formatierungen und Gültigkeitsregeln. Eine neue Tabelle lässt sich in der Entwurfssicht öffnen, indem im Register ERSTELLEN in der Gruppe TABELLEN die Schaltfläche TABELLENENTWURF ausgewählt wird. Wenn eine Tabelle bereits in der Datenblattansicht geöffnet wurde und zur Entwurfsansicht gewechselt werden soll, dann kann der Wechsel über das Register START in der Gruppe ANSICHTEN im oberen Bereich der Schaltfläche ANSICHT erfolgen [1].

Die Entwurfsansicht nach Abb. 6.20 ist wie folgt aufgebaut:

- **Indikatorspalte:** In dieser Spalte kann der Primärschlüssel durch ein Schlüsselsymbol erkannt und neu definiert werden.
- **Feldeingabebereich:** In diesem Bereich wird für jedes Feld der Feldnamen, Felddatentyp und eine optionale Beschreibung festgelegt.
- **Feldeigenschaftsbereich:** In Abhängigkeit vom Felddatentyp können hier zusätzliche Einstellungen vorgenommen werden.
- **Informationsbereich:** Je nachdem, wo sich der Cursor befindet, erscheinen in diesem Feld kontextbezogene Informationen.

6.2.4.2   Felder in der Entwurfsansicht hinzufügen und ändern

Wenn ein neues Feld in eine Tabelle eingefügt werden soll, muss in der Entwurfsansicht der Tabelle der Feldname in die Spalte FELDNAME des Feldeingabebereichs eingetragen werden. ACCESS weist neuen Feldnamen in der Entwurfssicht dann automatisch den Datentyp

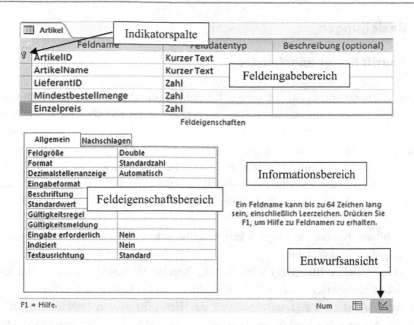

Abb. 6.20   Tabelle in der Entwurfsansicht erstellen und bearbeiten

TEXT zu. Dieser Datentyp kann geändert werden, indem der Cursor in die Spalte FELDDA-
TENTYP gesetzt, der Pfeil des Listenfeldes angeklickt und der gewünschte Felddatentyp
ausgewählt wird. In der Spalte BESCHREIBUNG können erläuternde Erklärungen oder
Arbeitsanweisungen mit einer Länge von maximal 255 Zeichen eingegeben werden [1].

6.2.4.3   Tabellenstruktur in der Entwurfsansicht bearbeiten

Zur Bearbeitung der Tabellenstruktur in der Entwurfsansicht stehen folgende Möglichkeiten zur Verfügung [1]:

- **Reihenfolge der Felder ändern:** Die gewünschte Spalte wird in der Indikatorspalte
  markiert und mit der Maus an die neue Position gezogen.
- **Zeile einfügen:** Die gewünschte Zeile, vor die eine neue Zeile eingefügt werden soll,
  wird markiert. Dann wird im Register ENTWURF in der Gruppe TOOLS die Schaltfläche ZEILEN EINFÜGEN ausgewählt.
- **Zeile löschen:** Die zu löschende Zeile wird markiert. Dann wird im Register ENT-
  WURF in der Gruppe TOOLS die Schaltfläche ZEILEN LÖSCHEN ausgewählt.

In der Entwurfsansicht kann auch aus mehreren Feldern ein zusammengesetzter Primärschlüssel erzeugt werden, indem die benötigten Felder markiert werden, wobei die STRG-
Taste gedrückt bleibt. Dann ist im Register ENTWURF in der Gruppe TOOLS die Schaltfläche PRIMÄRSCHLÜSSEL auszuwählen und das von ACCESS vorgegebene Feld ID
gegebenenfalls zu löschen.

6.3   Beziehungen

6.3.1   Begriff Beziehungsfenster

Beziehungen (Verknüpfungen) zwischen Tabellen einer Datenbank sollten hergestellt werden, wenn Abfragen aus mehreren Tabellen erzeugt, Daten aus verschiedenen Tabellen in einem Formular bearbeitet und wenn Berichte aus mehreren Tabellen angefertigt werden sollen [1]. Für den Aufbau einer Datenbank und die Beziehungen zwischen den Tabellen sollte im Vorfeld ein Entity-Relationship-Modell erstellt werden.

Die Beziehungen, die zwischen den Tabellen einer Datenbank bestehen, können im Beziehungsfenster angezeigt, erstellt, geändert oder gelöscht werden. Dies wird in Abb. 6.21 dargestellt.

Darüber hinaus besteht die Möglichkeit, referenzielle Integrität, Aktualisierungs- und Löschweitergaben zu definieren.

Unter **referenzieller Integrität** versteht man Regeln, die beachtet werden, um festgelegte Beziehungen zwischen Tabellen zu wahren, wenn Datensätze eingegeben oder gelöscht werden. Ist sie eingestellt, so wird das Hinzufügen von Datensätzen in einer Detailtabelle, wenn kein zugehöriger Datensatz in der Mastertabelle vorhanden ist, verhindert. Des Weiteren sind dann keine Änderungen von Werten in der Mastertabelle, die in einer Detailtabelle verwaiste Datensätze zur Folge hätte und das Löschen von Datensätzen aus der Mastertabelle, wenn übereinstimmende Detaildatensätze in einer Detailtabelle vorhanden sind, möglich [1, 5].

Im Beziehungsfenster wird deutlich, welche Art der Beziehung zwischen zwei Tabellen bestehen. Statt der gängigen Schreibweise „N" wird im Beziehungsfenster von MS Access „∞" verwendet.

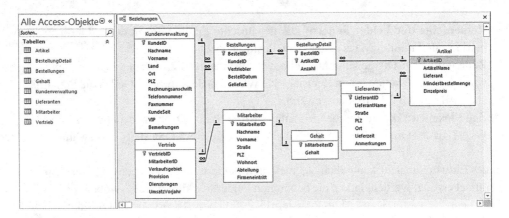

Abb. 6.21 Beziehungen zwischen Tabellen im Beziehungsfenster

6.3.2 Tabellen im Beziehungsfenster anzeigen

Das Beziehungsfenster lässt sich einblenden, wenn über das Register DATENBANKTOOLS in der Gruppe BEZIEHUNGEN die Schaltfläche BEZIEHUNGEN aktiviert wird. Über den Kontextmenüpunkt TABELLE ANZEIGEN lässt sich dann ein Dialogfenster öffnen, mit dem weitere Tabellen und Abfragen in das Beziehungsfenster integriert werden können. Die Beziehungen von nur einer Tabelle lassen sich im Register ENTWURF in der Gruppe BEZIEHUNGEN über die Schaltfläche DIREKTE BEZIEHUNGEN anzeigen [1].

6.3.3 Beziehungen erzeugen und bearbeiten

Im Register DATENBANKTOOLS in der Gruppe BEZIEHUNGEN über die Schaltfläche BEZIEHUNGEN lassen sich Beziehungen manuell erzeugen und deren Eigenschaften (referenzielle Integrität) bearbeiten [1]. Hierzu müssen die Felder, die miteinander verbunden werden sollen, im Felddatentyp und in der Feldgröße übereinstimmen. Die Vorgehensweise ist wie folgt:

- Zunächst wird das Beziehungsfenster eingeblendet und der Name des Feldes, auf dem die Beziehung basieren soll, in der Mastertabelle markiert.
- Anschließend ist die linke Maustaste zu aktivieren und das markierte Datenfeld auf das entsprechende Datenfeld im Fenster der Detailtabelle zu ziehen. Daraufhin öffnet sich ein Dialogfenster gemäß Abb. 6.22, in dem die Eigenschaften der Beziehung angezeigt werden.

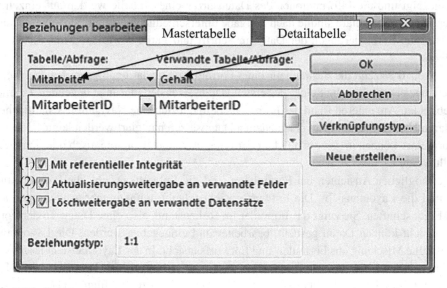

Abb. 6.22 Beziehungen erzeugen

Im Dialogfenster BEZIEHUNGEN BEARBEITEN können die folgenden Einstellungen vorgenommen werden:

- Wenn die referenzielle Integrität verwendet werden soll, so ist das Kontrollfeld (1) zu aktivieren,
- Wenn Änderungen der Mastertabelle auch an die Detailtabelle weitergeleitet werden sollen, so ist das Kontrollfeld (2) zu aktivieren,
- Wenn bei Löschung eines Datensatzes aus der Mastertabelle auch alle abhängigen Daten der Detailtabelle gelöscht werden sollen, so ist das Kontrollfeld (3) zu aktivieren.

Die Einstellungen sind anschließend mit OK zu bestätigen.

Beziehungseinstellungen können nachträglich geändert werden, indem im Beziehungs-fenster die zu bearbeitende Beziehungslinie per Doppelklick aktiviert oder die Beziehung markiert und im REGISTER ENTWURF in der Gruppe TOOLS die Schaltfläche BEZIE-HUNGEN BEARBEITEN aufgerufen wird [1].

6.4   Daten eingeben und bearbeiten

6.4.1   Grundlagen von Formularen

Mit einem Formular können die Datensätze einer Tabelle übersichtlich angezeigt und ein-fach bearbeitet werden [1]. Standardmäßig wird jeder Datensatz in einem eigenen Formu-lar angezeigt und die Informationen des Datensatzes einer Tabelle werden auf einzelne Felder verteilt. Formulare sind je nach Aufgabe unterschiedlich gestaltet. Sie unterstützen zum Beispiel Formatierungen der Daten in Schrift und Farbe sowie das Einbinden von Grafiken.

Die Abb. 6.23 zeigt die Bestandteile eines Formulars. Standardmäßig werden nach dem Öffnen eines Formulars die Felder des ersten Datensatzes der zugrunde liegenden Tabelle eingeblendet. Am unteren Rand des Formulars befindet sich eine Navigationsschaltfläche, mit deren Hilfe zwischen den verschiedenen Datensätzen navigiert werden kann.

Formulare können in Access mit dem Formular-Assistenten, automatisch oder manuell erstellt werden.

Die möglichen Ansichten bei Formularen sind die Entwurfsansicht, die Formularan-sicht und die Layoutansicht. Die Entwurfsansicht erlaubt umfangreiche Änderungen an allen Eigenschaften. Sie zeigt das Formular im Rohzustand, also ohne Daten. In der For-mularansicht können Daten gesucht, bearbeitet und eingegeben werden. Die Layoutan-sicht ist eine Mischung aus Formular- und Entwurfsansicht. In der Layoutansicht lässt sich der Entwurf des Formulars anpassen. Hierzu stehen die Register ENTWURF, ANORD-NEN und FORMULAR der FORMULARLAYOUTTOOLS zur Verfügung [1].

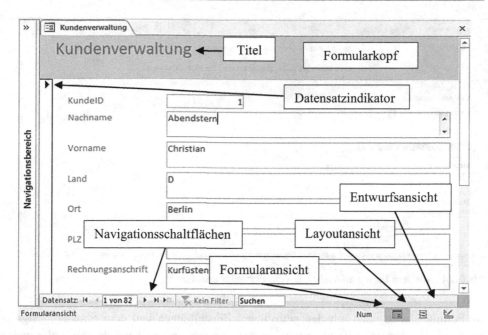

Abb. 6.23 Bestandteile eines Formulars

6.4.2 Formulare mit dem Assistenten erstellen

Mit dem Formular-Assistenten lässt sich schnell ein formatiertes Formular mit den angegebenen Feldern einer Tabelle erstellen [1]:

- Wie die Abb. 6.24 zeigt, ist beim Register ERSTELLEN in der Gruppe FORMULARE die Schaltfläche FORMULARASSISTENT auszuwählen.
- Daraufhin werden im Listenfeld (1) die gewünschten Tabellen oder Abfragen und im Listenfeld (2) die gewünschten Felder der Tabellen oder Abfragen ausgewählt.
- Wurden alle gewünschten Felder aus den betreffenden Tabellen in den Bereich AUSGEWÄHLTE FELDER (3) eingefügt, so ist die Schaltfläche WEITER zu bestätigen.
- Im folgenden Dialogfenster ist entweder das Optionsfeld EINSPALTIG (es wird nur ein Datensatz im Formular angezeigt), TABELLARISCH (Datensätze werden zeilenweise angezeigt), DATENBLATT (Daten werden in einem Zeilen-/Spaltenformat angezeigt) oder BLOCKSATZ (jeder Datensatz wird als zusammenhängender Block dargestellt) für das gewünschte Layout zu aktivieren und mit WEITER zu bestätigen.
- Abschließend wird ein Formularname eingegeben und die Schaltfläche FERTIG STELLEN wird aktiviert.

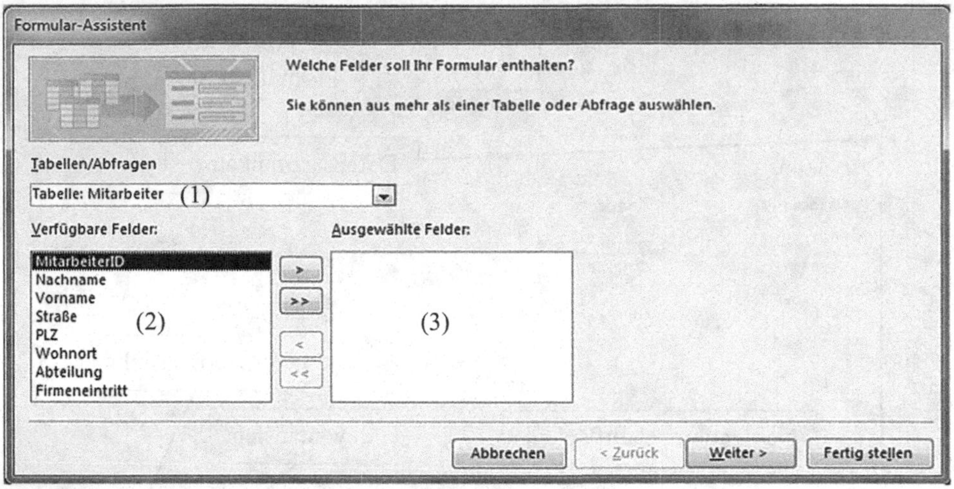

Abb. 6.24 Mit dem Formular-Assistenten ein Formular erstellen

Das Formular wird dann mit den getroffenen Einstellungen und dem Standarddesign Larissa in der Formularansicht erstellt. In der Formularansicht kann das Formular zur Eingabe verwendet werden. In der Formularansicht besteht aber keine Möglichkeit, die Breite der Felder zu verändern. Hierzu müsste in die Layoutansicht gewechselt werden.

Im Formular werden die Daten nach dem Primärschlüsselfeld sortiert. Wenn die Daten nach einem anderen Feld sortiert werden sollen, dann muss im Register START in der Gruppe SORTIEREN UND FILTERN auf AUFSTEIGEND oder ABSTEIGEND geklickt werden [1].

6.4.3 Formulare automatisch erstellen

Im Register ERSTELLEN in der Gruppe FORMULARE gibt es in Access verschiedene Möglichkeiten, Formulare zu erstellen. Mit den folgenden Schaltflächen wird ein Formular mit allen Feldern einer zuvor im Navigationsbereich markierten Tabelle oder Abfrage automatisch erstellt [1]:

- Die Schaltfläche FORMULAR bietet die schnellste Möglichkeit, ein Formular mit allen Datenfeldern einer Tabelle im einspaltigen Layout zu erstellen. Dazu werden alle Datenfelder einer markierten Tabelle oder Abfrage in das Formular eingefügt.
- Im Listenfeld WEITERE FORMULARE bietet die Schaltfläche GETEILTES FORMULAR die Möglichkeit, ein geteiltes Formular für eine markierte Tabelle oder Abfrage zu erzeugen, das im oberen Bereich ein übersichtliches Formular in der Formularansicht und im unteren Bereich eine Auflistung der bestehenden Datensätze in der Datenblattansicht anzeigt. Ein solches automatisch erstelltes geteiltes Formular wird Abb. 6.25 dargestellt.

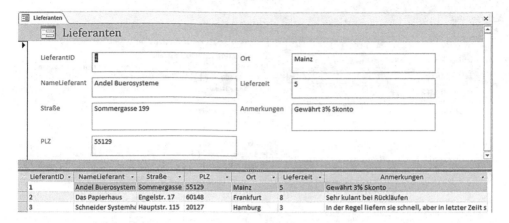

Abb. 6.25 Automatisch erstelltes, geteiltes Formular

- Im Listenfeld WEITERE FORMULARE bietet die Schaltfläche MEHRERE ELE-
  MENTE die Möglichkeit, ein Formular mit mehreren Datensätzen, ähnlich wie in der
  Datenblattansicht, zu erzeugen und die Funktionalitäten eines Formulars zu nutzen [1].

6.4.4 Formulare manuell erstellen

Im Register ERSTELLEN in der Gruppe FORMULARE kann in Access unter der Schaltfläche LEERES FORMULAR ein leeres Formular in der Layoutansicht gemäß Abb. 6.26
wie folgt manuell erstellt werden [1]:

- Ein leeres Formular wird in der Layoutansicht standardmäßig mit dem Aufgabenbe-
  reich FELDLISTE eingeblendet. Falls die Feldliste nicht eingeblendet ist, kann sie im
  Register ENTWURF in der Gruppe TOOLS über die Schaltfläche VORHANDENE
  FELDER HINZUFÜGEN eingeblendet werden.
- In der FELDLISTE können über das Symbol + einer Tabelle die gewünschten Felder (1)
  ausgewählt und über Doppelklick in das gewünschte FORMULAR (2) eingefügt werden.
- Nachdem das erste Feld in das leere Formular eingefügt wurde, werden die Bereiche IN
  VERKNÜPFTEN TABELLEN VERFÜGBARE FELDER (3) und IN ANDEREN
  TABELLEN VERFÜGBARE FELDER (4) eingeblendet, über die weitere Felder aus
  verknüpften oder anderen Tabellen eingefügt werden können.

6.4.5 Navigationsformulare erstellen

Navigationsformulare werden verwendet, um schnell und einfach zwischen häufig verwendeten Formularen und Berichten zu wechseln. Hierfür lassen sich die gewünschten
Formulare und Berichte in einem sogenannten Navigationsformular integrieren [1].

Abb. 6.26 Manuell erstelltes Formular

Abb. 6.27 Navigationsformular

Ein Navigationsformular, wie es in Abb. 6.27 dargestellt wird, kann in der folgenden Weise erstellt werden:

- Im Register ERSTELLEN in der Gruppe FORMULARE kann über die Schaltfläche NAVIGATION in der geöffneten Liste der Eintrag mit dem gewünschten Layout, wie zum Beispiel HORIZONTALE REGISTERKARTEN, ausgewählt werden. Daraufhin wird ein leeres Navigationsformular in der Layoutansicht geöffnet.

- Die gewünschten Formulare können per Drag & Drop aus dem Navigationsbereich auf das Feld NEUES HINZUFÜGEN gezogen werden. Die Formulare werden in das Navigationsformular eingefügt und als Registerkarten angezeigt.

Wenn ein Navigationsformular beim Öffnen der Datenbank automatisch als Startseite angezeigt werden soll, kann dies in der folgenden Weise erfolgen:

- Im Register DATEI kann in der Schaltfläche OPTIONEN das Dialogfenster ACCESS-OPTIONEN geöffnet und verändert werden.
- Hier ist zur Kategorie AKTUELLE DATENBANK zu wechseln und im Listenfeld FORMULAR ANZEIGEN das Navigationsformular auszuwählen.

6.4.6 Individuelle Gestaltung von Formularen

In der Layoutansicht können Formulare nach den individuellen Bedürfnissen gestaltet und angepasst werden [1]. Bei der Gestaltung des Formulars sollten die Designvorgaben des Arbeitsumfeldes berücksichtigt werden und es sollten Schriftarten und Farben gewählt werden, die die Lesefreundlichkeit am Bildschirm unterstützen.

Ein bestehendes Formular kann in der Formularansicht geöffnet werden, indem das Kontextmenü des Formulars durch einen Klick mit der rechten Maustaste geöffnet wird. Anschließend wird der Befehl LAYOUTANSICHT ausgewählt. Alternativ kann im Register START, in der Gruppe ANSICHTEN die LAYOUTANSICHT ausgewählt werden.

Wie die Abb. 6.28 zeigt, besteht ein Formular aus:

- einem **Formularkopf**, der den Titel des Formulars, ein Logo oder das aktuelle Datum enthalten kann,
- einem **Detailbereich**, der die Felder der Tabellen und deren Beschriftung enthält,
- einem **Formularfuß**, der wie der Formularkopf das aktuelle Datum enthalten kann.

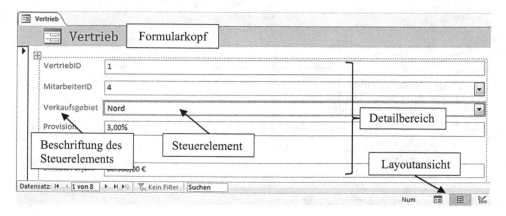

Abb. 6.28 Aufbau von Formularen

Access bietet mit dem Steuerelementelayout einen Bearbeitungsrahmen, mit dessen Hilfe die Größe und Position von Steuerelementen auf einem Formular geändert werden kann.

Wenn Bearbeitungen der Steuerelemente vorgenommen werden sollen, dann ist es wichtig, das Steuerelementelayout ganz oder teilweise wie folgt zu markieren:

- Wie die Abb. 6.29 zeigt, kann das ganze Steuerelementelayout markiert werden, indem mit der linken Maustaste auf den Verschiebepunkt an der oberen linken Ecke des Steuerelementelayouts geklickt wird. Eine andere Möglichkeit wäre, zunächst eine Zelle des gewünschten Steuerelementelayouts zu markieren und dann in den FORMULAR-LAYOUTTOOLS im Register ANORDNEN in der Gruppe ZEILE UND SPALTEN auf LAYOUT AUSWÄHLEN zu klicken. Daraufhin sind alle Zellen der Tabelle mit einer farblich hervorgehobenen Markierungslinie versehen.
- Wie die Abb. 6.30 zeigt, kann eine Spalte des Steuerelementelayouts markiert werden, indem eine Zelle der Spalte, die markiert werden soll, angeklickt und dann im Register ANORDNEN in der Gruppe ZEILEN UND SPALTEN das Feld SPALTE AUSWÄHLEN markiert wird.
- Wie die Abb. 6.31 zeigt, kann eine Zeile des Steuerelementelayouts markiert werden, indem eine Zelle der Zeile, die markiert werden soll, angeklickt und dann im Register ANORDNEN in der Gruppe ZEILEN UND SPALTEN das Feld ZEILE AUSGE-WÄHLT markiert wird.

Jetzt kann die Größe und Position der Steuerelementelayouts geändert werden. Wenn zum Beispiel die Breite oder Höhe von Steuerelementen geändert werden soll, müssen sie zunächst markiert werden. Anschließend wird der Mauszeiger auf die entsprechende Markierungslinie der Zelle bzw. Spalte positioniert, die geändert werden soll, bis der Mauszeiger die Form des Doppelpfeils annimmt. Bei gedrückter Maustaste lässt sich die Markierungslinie nun so weit verschieben, bis die gewünschte Breite oder Höhe erreicht ist.

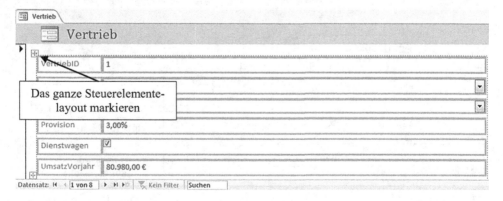

Abb. 6.29 Das ganze Steuerelermentelayout markieren

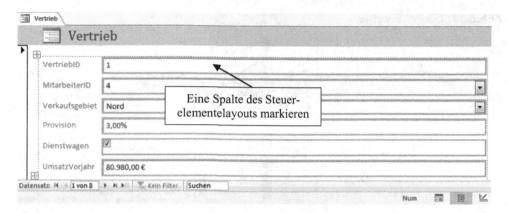

Abb. 6.30 Eine Spalte des Steuerelementelayouts markieren

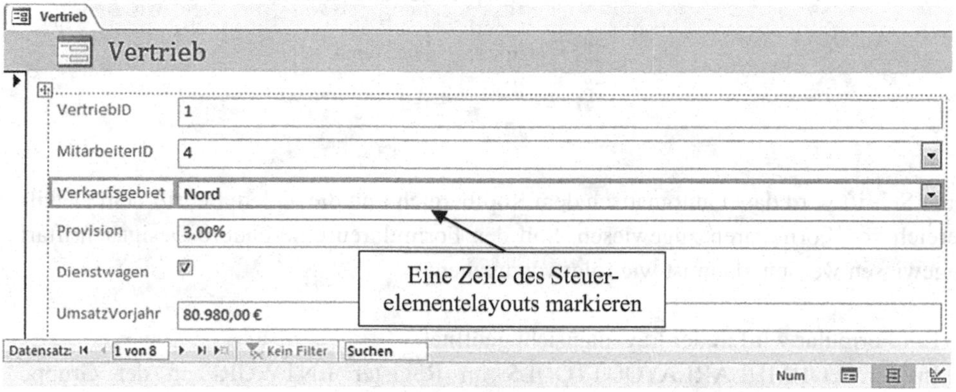

Abb. 6.31 Eine Zeile des Steuerelementelayouts markieren

Das Aussehen von Steuerelementen lässt sich ebenfalls verändern, indem ein Design zugewiesen, Designschriftarten verwendet und Texte formatiert werden können.

Für die Designs von Formularen werden in Access vordefinierte Gestaltungsentwürfe bereitgestellt, die sich aus Designschriftarten und Designfarben zusammensetzen. Standardmäßig wird einem neuen Formular das Design LARISSA zugewiesen. Wenn wie in der Abb. 6.32 dargestellt ein neues Design zugewiesen werden soll, dann kann dies in den FORMULARLAYOUTTOOLS im Register ENTWURF in der Gruppe DESIGNS und dann über einen Klick auf das gewünschte DESIGN erfolgen.

Wenn das ausgewählte Design nur dem bearbeiteten Formular zugewiesen werden soll, dann muss im Kontextmenü des Designs NUR AUF DIESES OBJEKT ANWENDEN ausgewählt werden.

Unter Designschriftarten wird die Zusammenstellung von zwei Schriftformaten verstanden, die der einheitlichen Textformatierung innerhalb von Formularen dienen.

Abb. 6.32 Designs zuweisen

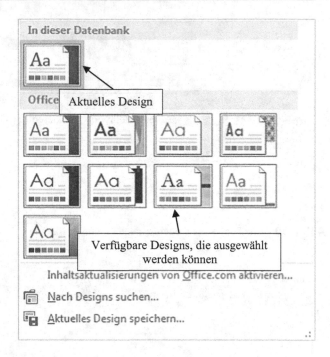

Eine Schrift wird dabei automatisch dem Kopfbereich und die andere Schrift dem Detailbereich von Formularen zugewiesen. Soll den Formularen eine andere Designschriftart
zugewiesen werden, dann ist wie folgt vorzugehen:

- Ein Formular wird in der Layoutansicht geöffnet.
- In den FORMULARLAYOUTTOOLS im Register ENTWURF in der Gruppe
  DESIGNS erfolgen ein Klick auf SCHRIFTARTEN und dann die Auswahl der
  gewünschten Designschriftart.

Die Abb. 6.33 zeigt die Designschriftarten, die ausgewählt werden können. Die Schriften
werden dann, wenn sie ausgewählt wurden, automatisch den Texten in allen Formularen
zugewiesen.

Wenn ein Formular mit dem Formular-Assistenten erstellt wird, dann erfolgt nur eine
Übernahme der Designschrift für den Detailbereich und nicht für den Kopfbereich. Insofern
müsste die Schriftart im Kopfbereich bei Bedarf manuell an die Formatierung der anderen
Formulare angepasst werden. Die Schriftart im Kopfbereich lässt sich wie folgt anpassen:

- In der Layoutansicht wird der Titel des Formulars markiert.
- Im Register FORMAT in der Gruppe SCHRIFTART wird die Schrift mit dem Zusatz
  (KOPFBEREICH) angeklickt.
- Es erfolgt daraufhin eine Übertragung der Schrift, die bei anderen Formularen im
  Kopfbereich zum Beispiel für den Titel verwendet wird.

Abb. 6.33 Designschriftarten verwenden

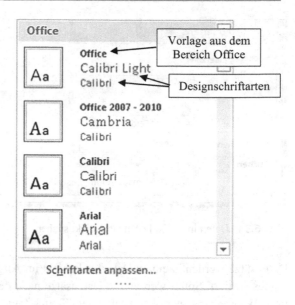

Wenn die Schrift unabhängig vom gewählten Design formatiert werden soll, dann ist wie folgt vorzugehen:

- Markierung des zu formatierenden Elementes.
- In den FORMULARLAYOUTTOOLS im Register ENTWURF unter SCHRIFTARTEN kann der Text in der gewünschten Weise formatiert werden.

6.5 Daten auswerten

6.5.1 Daten suchen und sortieren

Access bietet die Möglichkeit, in Feldern nach Daten zu suchen [1]. Dies wird in Abb. 6.34 dargestellt. Wenn ein Feld in einem Datenbankobjekt nach einem Begriff durchsucht werden soll, kann die folgende Vorgehensweise gewählt werden:

- Der Cursor wird zunächst in das Feld gesetzt, das durchsucht werden soll.
- Im Register START in der Gruppe SUCHEN ist die Schaltfläche SUCHEN zu aktivieren.
- Im Listenfeld (1) wird der Suchbegriff eingegeben.
- Im Listenfeld (2) kann gewählt werden, ob nur im Feldinhalt des ausgewählten Feldes oder in anderen Feldern des Datenbankobjektes gesucht werden soll.
- Im Listenfeld (3) kann festgelegt werden, wie der Feldinhalt (TEIL DES FELDIN-HALTES, GANZES FELD, ANFANG DES FELDES) durchsucht werden soll.
- Die Schaltfläche WEITERSUCHEN ist zu betätigen.

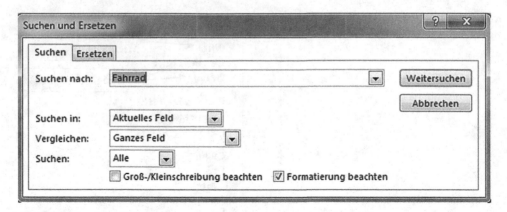

Abb. 6.34 Daten in einem Datenbankobjekt suchen

Datensätze werden in einem Datenbankobjekt im Allgemeinen nach dem Wert des ersten Feldes sortiert. Somit werden die Datensätze nach der Reihenfolge ihrer Erstellung sortiert. Wenn aber Datensätze nach einem Text-, Zahlen- oder Datumsfeld sortiert werden sollen, dann kann hierfür die Sortierfunktion in aufsteigender oder absteigender Form wie folgt eingesetzt werden [1]:

• Eine aufsteigende Sortierung sortiert alphabetische Datensätze von A nach Z, numerische Datensätze vom niedrigsten zum höchsten Wert und Datums-/Zeitfelder vom frühesten zum spätesten Wert.
• Eine absteigende Sortierung sortiert alphabetische Datensätze von Z nach A, numerische Datensätze vom höchsten zum niedrigsten Wert und Datums-/Zeitfelder vom spätesten zum frühesten Wert.

Eine Sortierung kann in einem Datenbankobjekt allgemein wie folgt durchgeführt werden:

• Der Cursor wird im Datenbankobjekt in das Feld gesetzt, nach dem sortiert werden soll.
• Im Register START in der Gruppe SORTIEREN UND FILTERN wird die Schaltfläche AUFSTEIGEND bzw. ABSTEIGEND aktiviert.

6.5.2 Mit Filtern arbeiten

Mit einem Filter können alle Datensätze ermittelt werden, die bestimmte Kriterien erfüllen, wobei mit mehreren Kriterien mehrere Felder gleichzeitig durchsucht werden können [1]. Datensätze können in ACCESS in der Datenblattansicht und in der Formularansicht gefiltert werden und es gibt verschiedene Filterkriterien, die im Folgenden beschrieben werden.

6.5.2.1 AutoFilter
Access bietet für jedes Feld eines Datenbankobjekts einen AutoFilter, über den sich Datensätze in Abhängigkeit vom Filtertyp schnell filtern lassen [1]. Wie Abb. 6.35 zeigt,

Abb. 6.35 Filterkriterien in Abhängigkeit vom Felddatentyp

können in Abhängigkeit vom Felddatentyp, den das zu filternde Feld besitzt, Zahlenfilter, Textfilter oder Datumsfilter verwendet werden.

Ein AutoFilter kann wie folgt aufgerufen werden:

- Zunächst wird ein Datenbankobjekt geöffnet und der Cursor in das Feld gesetzt, für das ein Filterkriterium definiert werden soll.
- Im Register START in der Gruppe SORTIEREN UND FILTERN ist die Schaltfläche FILTERN zu aktivieren.
- Dann wird ein Eintrag gewählt, um das entsprechende Filterkriterium zu definieren.

Bei der Verwendung von Filtern sind die folgenden Punkte zu beachten:

- Wenn für ein Feld, für das bereits ein Filter definiert wurde, ein neuer Filter erstellt wird, dann wird dadurch der vorher erstellte Filter automatisch wieder gelöscht.
- Wenn ein Datenbankobjekt geschlossen wird, in dem der AutoFilter gesetzt wurde, dann werden die entsprechenden Filter nach erneutem Öffnen des Datenbankobjektes wieder deaktiviert. Die zuletzt definierten Filterkriterien lassen sich aber wieder manuell aktivieren. AutoFilter können im Register START in der Gruppe SORTIE-REN UND FILTERN über die Schaltfläche FILTER EIN/AUS aktiviert bzw. deaktiviert werden.
- Filter einzelner Felder in einem Formular bzw. einer Tabelle können gelöscht werden, indem im Register START in der Gruppe SORTIEREN UND FILTERN über die Schaltfläche FILTERN in der geöffneten Liste der Eintrag FILTER LÖSCHEN AUS FELDNAME gewählt wird.
- Filter einzelner Felder in einem Formular bzw. einer Tabelle können gelöscht werden, indem im Register START in der Gruppe SORTIEREN UND FILTERN über die Schaltfläche FILTERN in der geöffneten Liste der Eintrag FILTER LÖSCHEN AUS FELDNAME gewählt wird.
- Sämtliche Felder in einem Formular bzw. einer Tabelle können gelöscht werden, indem im Register START in der Gruppe SORTIEREN UND FILTERN über die Schaltfläche ERWEITERT in der geöffneten Liste der Eintrag ALLE FILTER LÖSCHEN gewählt wird.

Abb. 6.36 Beispiel für die
Werteliste vom Feld Wohnort
beim AutoFilter

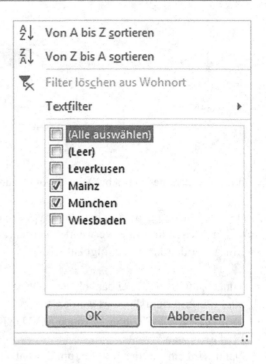

In einem Formular bzw. einer Tabelle steht für jedes Feld dem Anwender eine Werteliste zur Verfügung, in dem alle Werte des Feldes als Kontrollfelder angezeigt werden. Datensätze lassen sich mit einer Werteliste schnell nach bestimmten Kriterien filtern. In der Abb. 6.36 wird zum Beispiel die Werteliste vom Feld Wohnort der Tabelle Mitarbeiter dargestellt. Dabei werden die Datensätze aber nur nach den aktivierten Kontrollfeldern Mainz und München durchsucht. Es handelt sich dabei um eine logische Oder-Verknüpfung, da die Datensätze selektiert werden von Mitarbeitern, die in Mainz oder in München wohnen.

Die Anzahl der Datensätze kann bei Bedarf weiter eingeschränkt werden, indem für weitere Felder Filterkriterien festgelegt werden. In diesem Fall handelt es sich um eine logische Und-Verknüpfung, da nur diejenigen Datensätze angezeigt werden, die die im Feld Wohnort definierten Filterkriterien erfüllen.

6.5.2.2 Auswahlbasierte Filter

Mit den auswahlbasierten Filtern besteht eine weitere Möglichkeit, die Datensätze schnell über einen Filter zu selektieren [1]. Dabei wird der Eintrag des Feldes, in dem sich der Cursor befindet, für die Definition des Filterkriteriums verwendet. In Abhängigkeit vom Felddatentyp, den das zu filternde Feld besitzt, stehen für den auswahlbasierten Filter ähnliche Filterkriterien wie beim AutoFilter zur Verfügung. Ein auswahlbasierter Filter kann wie folgt aufgerufen werden:

- Zunächst wird ein Datenbankobjekt geöffnet und der Cursor in das Feld gesetzt, für das ein Filterkriterium definiert werden soll.

- Im Register START in der Gruppe SORTIEREN UND FILTERN ist die Schaltfläche AUSWAHL zu aktivieren.
- Anschließend wird im geöffneten Listenfeld ein Filterkriterium ausgewählt.

6.5.2.3 Formularbasierte Filter

Mit dem formularbasierten Filter lassen sich komplexere Filterkriterien als beim AutoFilter oder beim auswahlbasierten Filter setzen und die gesetzten Filter können als Abfrage gespeichert werden [1]. Dabei können die Filterkriterien über logische UND- sowie ODER-Bedingungen miteinander verknüpft werden.

Formularbasierte Filter können für Tabellen und Abfragen in der Datenblattansicht und für Formulare in der Formularansicht erstellt werden. Ein formularbasierter Filter kann wie folgt aufgerufen werden:

- Zunächst wird ein Datenbankobjekt in der entsprechenden Ansicht geöffnet.
- Im Register START in der Gruppe SORTIEREN UND FILTERN in der Schaltfläche ERWEITERT ist der Eintrag FORMULARBASIERTER FILTER zu aktivieren.
- Basierend auf dem geöffneten Datenbankobjekt wird ein leeres Formular bzw. bei Tabellen und Abfragen eine leere Tabelle eingeblendet, in der Suchkriterien unter den Feldnamen eingegeben werden können. Standardmäßig werden alle Suchbedingungen in das Register SUCHEN NACH eingegeben. Hier kann zum Beispiel das in der Abb. 6.37 dargestellte Feld Wohnort der Tabelle Mitarbeiter nach „Mainz" (1) gefiltert werden. Dies bedeutet, dass ein Datensatz diese Bedingungen erfüllen muss. Wenn bei mehreren Feldern ein Filter gesetzt werden würde, dann müssten alle Kriterien gleichzeitig erfüllt werden, damit der Datensatz in die Auswahl aufgenommen wird.

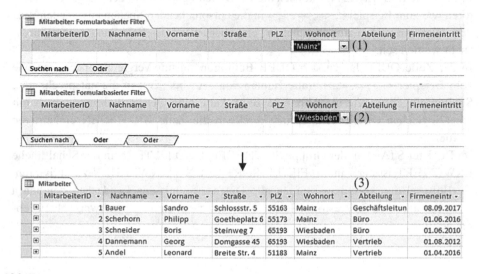

Abb. 6.37 Filterkriterien mit ODER-Verknüpfung erstellen

- Optionale Bedingungen lassen sich mit dem Register ODER erzeugen. Diese Kriterien werden mit den Bedingungen im Register SUCHEN NACH durch eine logische ODER-Verknüpfung kombiniert. Hier kann zum Beispiel das Feld Wohnort der Tabelle Mitarbeiter auch noch nach „Wiesbaden" (2) gefiltert werden. Somit erfolgt eine Anzeige der Datensätze, wenn Sie entweder den Kriterien des Registers SUCHEN NACH oder den Kriterien des Registers ODER entsprechen.
- Im Register START in der Gruppe SORTIEREN UND FILTERN in der Schaltfläche ERWEITERT ist der Eintrag FILTER/SORTIERUNG ANWENDEN zu aktivieren. Dann erscheint das in der Abbildung unten (3) dargestellte Ergebnis.

6.5.2.4 Spezialfilter

Mit dem Spezialfilter lassen sich ebenfalls komplexere Filterkriterien definieren als beim AutoFilter oder beim auswahlbasierten Filter. Darüber hinaus können die Filter aber auch mit einer Sortierung verbunden werden [1].

Ein Spezialfilter kann wie folgt aufgerufen werden:

- Zunächst wird ein Datenbankobjekt geöffnet, zu dem ein Spezialfilter erstellt werden soll.
- Im Register START in der Gruppe SORTIEREN UND FILTERN in der Schaltfläche ERWEITERT ist der Eintrag SPEZIALFILTER/-SORTIERUNG zu aktivieren.
- Die Datenfelder können dann aus der Feldliste (1) mit einem Doppelklick in den Kriterienbereich eingefügt werden.
- In der Zeile SORTIERUNG (2) lässt sich eine Sortierreihenfolge eingeben, indem im eingeblendeten Listenfeld AUFSTEIGEND oder ABSTEIGEND eingegeben wird.
- In der Zeile KRITERIEN (3) können die UND-Bedingungen mit den Vergleichsoperatoren wie zum Beispiel $<$, $<=$, $>=$, $>$, $=$ in die entsprechenden Spalten eingegeben werden. Hier können Sie zum Beispiel „a" eingeben, wenn das Feld Land nach a durchsucht werden soll.
- In der Zeile ODER lassen sich ODER-Bedingungen mit Vergleichsoperatoren wie zum Beispiel $<$, $>$, $=$, $<$„H" (alle Namen von „A" bis „G") in die entsprechenden Spalten eingeben. Wie die Abb. 6.38 zeigt, kann eine ODER-Bedingung auch mit einer logischen ODER-Verknüpfung direkt in die Zeile KRITERIEN eingetragen werden.
- Im Register START in der Gruppe SORTIEREN UND FILTERN in der Schaltfläche ERWEITERT ist der Eintrag FILTER/SORTIERUNG ANWENDEN zu aktivieren. Im Beispiel der Abbildung werden alle Datensätze mit den Landeskennzeichen a (Kfz-Kennzeichen für Austria) oder ch (Kfz-Kennzeichen für die Schweiz) als Ergebnis gefiltert.

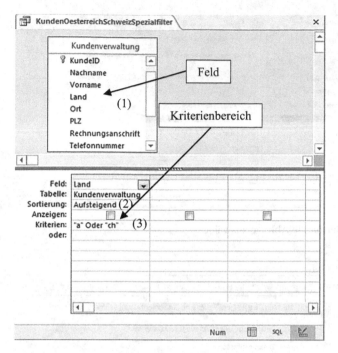

Abb. 6.38 Spezialfilter erstellen

6.5.3 Auswahlabfragen erstellen

6.5.3.1 Auswahlabfragen mit dem Assistenten erstellen

Mit Abfragen können Daten ermittelt und ausgewertet werden. Im Gegensatz zu Filtern, bei denen die Auswahl der Daten nur aus einer Tabelle erfolgt und die mit der Tabelle gespeichert werden, können Abfragen aus einer oder mehreren Tabellen erstellt und als eigene Datenbankobjekte gespeichert werden. Die am häufigsten verwendete Form von Abfragen stellen Auswahlabfragen dar, die eine komplexe Form von Filtern darstellen [1]. Mit dem Abfrage-Assistenten können unter anderem auf eine einfache Art und Weise Auswahlabfragen erstellt werden. Diese können als Grundgerüst verwendet werden, um sie anschließend in der Entwurfssicht weiterzubearbeiten.

Wie die Abb. 6.39 zeigt, kann eine Auswahlabfrage wie folgt über den Assistenten erstellt werden:

- Im Register ERSTELLEN in der Gruppe ABFRAGEN wird die Schaltfläche AUSWAHLABFRAGE-ASSISTENT aktiviert.
- Im eingeblendeten Dialogfenster ist standardmäßig der AUSWAHLABFRAGE-ASSISTENT markiert. Hier ist die Schaltfläche OK zu bestätigen.

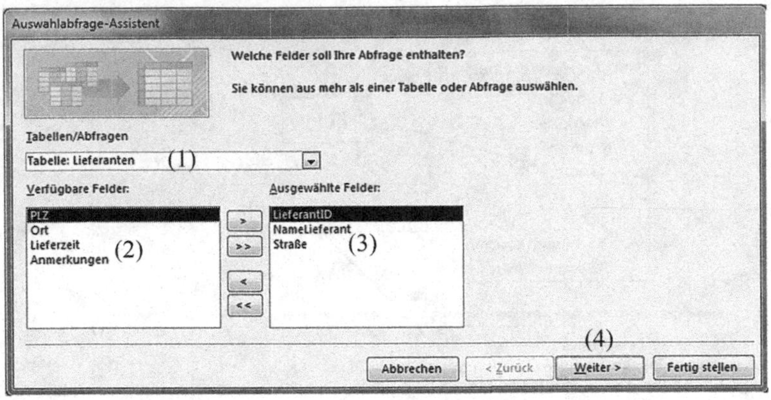

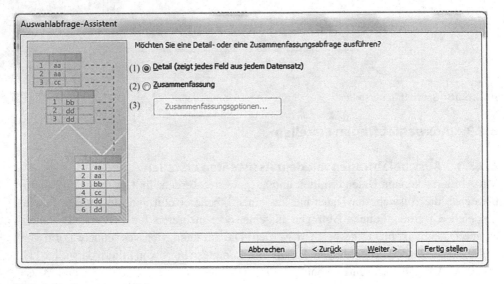

Abb. 6.39 Felder für die Abfrage auswählen

Abb. 6.40 Layout auswählen

- Im Listenfeld (1) sind die Tabellen oder Abfragen auszuwählen, aus denen die Felder für die neue Abfrage erstellt werden sollen.
- Im Listenfeld (2) sind ein oder mehrere verfügbare Felder mithilfe der Pfeilschaltflächen zu den ausgewählten Feldern hinzuzufügen (3) und mit der Schaltfläche WEITER (4) zu bestätigen.
- Im nächsten Schritt wird der Name wie zum Beispiel Abfrage Lieferanten eingegeben und mit der Schaltfläche WEITER bestätigt.
- Dann kann in Abb. 6.40 das Layout ausgewählt werden. Dabei kann ausgewählt werden, ob eine Detail- (1) oder eine Zusammenfassungsabfrage (2) erfolgen soll. Eine Detailabfrage enthält die einzelnen Werte jedes Datensatzes, während in einer

Abb. 6.41 Abfrageergebnis
bei der Darstellungsform
DETAIL

Lieferanten Abfrage		
LieferantID ▾	NameLieferant ▾	Straße ▾
1	Armin Buerosysteme	Wintergasse 214
2	Das Papierhaus	Engelstr. 77
3	Schneider Systemhaus	Hauptstr. 115

Zusammenfassungsabfrage Summen, Mittelwerte, Maximal- und Minimalwerte über die Zusammenfassungsoptionen (3) erzeugt werden können.

- In Abb. 6.41 wird das Ergebnis der Auswahlabfrage dargestellt.

Die Auswahlabfrage (Detailabfrage) enthält nur die zuvor ausgewählten Datenfelder.

6.5.3.2   Auswahlabfragen in der Entwurfssicht erstellen

Wie es in Abb. 6.42 dargestellt wird, können Auswahlabfragen ebenso in der Entwurfssicht wie folgt erstellt werden [1]:

- Im Register ERSTELLEN in der Gruppe ABFRAGEN wird die Schaltfläche ABFRA-GEENTWURF aktiviert.
- Im eingeblendeten Dialogfenster TABELLE ANZEIGEN sind die Tabellen oder Abfragen auszuwählen, für die eine neue Abfrage erstellt werden soll.
- Anschließend wird die Schaltfläche HINZUFÜGEN betätigt und das Dialogfenster TABELLE ANZEIGEN durch Aktivierung der Schalfläche SCHLIEßEN ausgeblendet.
- Die Bearbeitung der Auswahlabfrage erfolgt analog zur Bearbeitung beim Spezialfilter. Allerdings besteht in der Entwurfssicht der Auswahlabfrage zusätzlich die Möglichkeit, Felder im Abfrageergebnis auszublenden durch Deaktivierung des Kontrollfeldes in der Zeile ANZEIGEN.
- Durch einen Wechsel zur Datenblattansicht kann das Ergebnis der Auswahlabfrage angesehen werden.

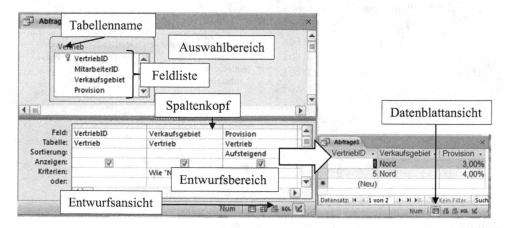

Abb. 6.42 Entwurfsansicht und Datenblattansicht einer Auswahlabfrage

Bei Abfragen sollen oftmals nur Daten eines Datenfeldes angezeigt werden, die bestimmte Kriterien bzw. Bedingungen erfüllen. Zur Formulierung dieser Bedingungen werden Operatoren wie zum Beispiel Vergleichsoperatoren, WIE-Operatoren oder logische Operatoren verwendet. Des Weiteren gibt es mathematische Operatoren und vordefinierte Funktionen zur Berechnung von Feldern in Abfragen sowie Verknüpfungsoperatoren, um Texte miteinander zu verknüpfen.

6.5.3.3 Auswahlabfragen mit einem Kriterium erstellen

6.5.3.3.1 Vergleichsoperatoren

Vergleichsoperatoren werden benötigt, um Wertebereiche zu definieren, innerhalb derer sich die gesuchten Werte befinden sollen [1]. Beispiele hierfür wären = (gleich), < (kleiner als), > (größer als), <> (ungleich), <= (kleiner oder gleich), >= (größer oder gleich).

Wie die Abb. 6.43 zeigt, lassen sich mit Vergleichsoperatoren Wertebereiche definieren. Zunächst wird aus der Tabelle Preise eine Auswahlabfrage generiert (1). In der Entwurfssicht der Abfrage kann im Feld Preis bei den KRITERIEN zum Beispiel >300 eingegeben werden (2). Als Ergebnis resultiert eine Abfrage mit Datensätzen, die im Feld Preis größere Werte als 300 aufweisen (3).

Mit Vergleichsoperatoren können aber auch Buchstaben gesucht werden, die in bestimmten Buchstabenbereichen liegen. Wenn zum Beispiel in einem Textfeld >=„J" eingegeben wird, dann werden alle Werte mit den Buchstaben J-Z gesucht. Die Groß- und Kleinschreibung spielt dabei keine Rolle.

6.5.3.3.2 Spitzenwerte abfragen

Die Eigenschaft Spitzenwerte in einer Abfrage kann verwendet werden, um eine bestimmte Anzahl oder einen bestimmten Prozentsatz an Datensätzen zu selektieren, die ein angegebenes

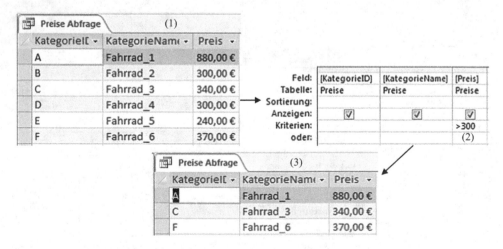

Abb. 6.43 Mit Vergleichsoperatoren Wertebereiche definieren

Preise Abfrage (1)		
KategorieID ▾	KategorieName ▾	Preis ▾
A	Fahrrad_1	880,00 €
B	Fahrrad_2	300,00 €
C	Fahrrad_3	340,00 €
D	Fahrrad_4	300,00 €
E	Fahrrad_5	240,00 €
F	Fahrrad_6	370,00 €

Feld:	KategorieID	KategorieName	Preis
Tabelle:	Preise	Preise	Preise
Sortierung:			Absteigend
Anzeigen:	☑	☑	(2) ☑
Kriterien:			
oder:			

Preise Abfrage (4)		
KategorieID ▾	KategorieName ▾	Preis ▾
A	Fahrrad_1	880,00 €
F	Fahrrad_6	370,00 €
C	Fahrrad_3	340,00 €
D	Fahrrad_4	300,00 €
B	Fahrrad_2	300,00 €

Eigenschaftenblatt

Auswahltyp: Abfrageeigenschaften

Allgemein

Beschreibung	
Standardansicht	Datenblatt
Alle Felder ausgeben	Nein
Spitzenwerte	5 (3)
Keine Duplikate	Nein
Eindeutige Datensätze	Nein

Abb. 6.44 Spitzenwerte in Abfragen verwenden

Kriterium erfüllen [1]. Diese Eigenschaft kann allerdings in einer Abfrage nur einmal verwendet werden. In Abhängigkeit davon, ob ein Feld aufsteigend oder absteigend sortiert wurde, werden die höchsten oder niedrigsten Spitzenwerte ermittelt. Somit können zum Beispiel die oberen 25 Prozent aller Werte oder die fünf niedrigsten Werte abgefragt werden.

Die Einstellung der Eigenschaft Spitzenwerte, wie sie in Abb. 6.44 dargestellt wird, kann im Fenster Eigenschaftenblatt wie folgt vorgenommen werden:

- Erstellung einer Abfrage (1).
- Festlegung der Sortierreihenfolge, beispielsweise für das Feld Preis (2). Damit keine Felder markiert werden, ist mit der Maus in einen leeren Bereich zu klicken.
- Im Register ENTWURF in der Gruppe EINBLENDEN/AUSBLENDEN ist das EIGENSCHAFTENBLATT zu aktivieren. Im Feld SPITZENWERTE wird dann der gewünschte Wert ausgewählt. Im erstellten Beispiel wäre dies die Zahl 5 (3).
- Die Abfrage wird dann ausgeführt. Wenn im gezeigten Beispiel das Feld Preis absteigend sortiert wurde, dann zeigt die Abfrage die fünf Fahrradkategorien mit den höchsten Preisen an (4).

Im Abfrageergebnis würden zum Beispiel sechs Ergebnisse angezeigt werden, wenn zwei Fahrradkategorien die gleichen Preise hätten.

6.5.3.3.3 Wie-Operatoren

Wie-Operatoren prüfen Textfelder auf genau die Zeichenfolge, die rechts von ihnen in Anführungszeichen festgelegt wurden [1]. Wie-Operatoren können durch sogenannte

Abb. 6.45 Mit Wie-Operatoren Wertebereiche definieren

Platzhalter wie zum Beispiel * (beliebig viele Zeichen), ? (beliebiges alphabetisches Zeichen) oder # (beliebiges numerisches Zeichen) erweitert werden. Beispiele hierfür wären Wie „K*" (alle Namen, die mit K beginnen), Wie „[A-K]" (alle Namen mit den Anfangsbuchstaben A bis K), Wie „[AK]*" (alle Namen mit den Anfangsbuchstaben A und K), Wie „??K*" (alle Namen, die im dritten Buchstaben ein K haben), Wie „#*" (Die Zeichenkette muss mit einer Ziffer beginnen und kann beliebig lang sein).

Wie die Abb. 6.45 zeigt, lassen sich mit Wie-Operatoren Wertebereiche definieren. Zunächst wird aus der Tabelle Kundenverwaltung eine Auswahlabfrage generiert (1). In der Entwurfssicht der Abfrage kann im Feld KundenName bei den Kriterien zum Beispiel Wie „F*" eingegeben werden (2). Als Ergebnis resultiert eine Abfrage mit Datensätzen, die im Feld KundenName Namen aufweisen, die mit dem Buchstaben F beginnen (3).

Wenn ein Ausdruck eingegeben und der Cursor in ein anderes Feld gesetzt wurde, dann fügt Access automatisch bestimmte Zeichen ein, die für die interne Verarbeitung benötigt werden. Darüber hinaus wird der Ausdruck auf seine Richtigkeit hin überprüft und der Eingabe wird ein bestimmter Datentyp zugeordnet. Wenn es sich bei der Eingabe um Texte handelt, dann werden den Texten Anführungszeichen zugeordnet und wenn es sich bei der Eingabe um ein Datum/Uhrzeit-Feld handelt, dann werden diesem Datentyp #-Zeichen zugeordnet.

6.5.3.3.4 Abfragen mit Aggregationsfunktionen

Mit Aggregationsfunktionen lassen sich gleiche oder gleichartige Werte in einem Feld einer Abfrage zusammenfassen und gemeinsam auswerten [1]. Es lassen sich damit zum Beispiel die Anzahl der Bestellungen für jeden Kunden oder die Menge aller Eingänge für einzelne Artikel ermitteln. Beim Ausführen der Abfrage führt Access die Berechnung automatisch neu durch, so dass sich das Ergebnis immer auf die aktuellen Daten bezieht.

Komplexe Formeln werden durch Funktionen dargestellt, die im Abschn. 6.5.3.5 detaillierter beschrieben werden. Funktionen lassen sich grundsätzlich in der Entwurfsansicht einer Abfrage über das Register ENTWURF in der Gruppe ABFRAGESETUP über GENERATOR aufrufen.

Funktion	Beschreibung
Summe	Berechnet die Summe der Werte eines Feldes wie z.B. die Summe der Eingänge im Einkauf
Mittelwert	Berechnet den Durchschnitt der Werte eines Feldes wie z.B. die Durchschnittslieferzeit
Min	Berechnet den kleinsten Wert eines Feldes wie z.b. den jüngsten Verkäufer
Max	Berechnet den höchsten Wert eines Feldes wie z.B. den ältesten Verkäufer
Anzahl	Berechnet die Anzahl der Werte eines Feldes wie z.b. die Anzahl der verkauften Artikel

Abb. 6.46 Wichtige Aggregatfunktionen im Überblick

Wichtige Aggregationsfunktionen werden in der Abb. 6.46 dargestellt. Mögliche Feld-datentypen, die eine Berechnung mit Aggregatfunktionen erlauben, sind Zahl, Dezimal oder Währung und Datum/Zeit.

Funktionen lassen sich in den Zeilen FELD, FUNKTION, KRITERIEN und ODER definieren. In der Entwurfsansicht lassen sich in der Zeile FELD berechnete Felder defi-nieren. Berechnete Felder ergeben sich aus Berechnungen mit bestehenden Feldern. Die Funktionszeile kann im Register ENTWURF (ABFRAGETOOLS) in der Gruppe EIN-BLENDEN/AUSBLENDEN über die Schaltfläche SUMMEN eingeblendet werden. Aggregationsfunktionen sind das Ergebnis einer Gruppierung von Daten.

In der Abb. 6.47 wird dargestellt, wie aus den drei Tabellen Kunden, Aufträge und Preise die summierten Umsätze für Kunden mit der Aggregationsfunktion Summe ermit-telt werden. Dabei kann in der folgenden Weise vorgegangen werden:

- Durchführung einer Abfrage Umsatz (1) direkt im Abfrageentwurf, die sich auf die Tabellen Kunden, Aufträge und Preise bezieht. Zunächst werden die Felder KundenID und KundenName für die Abfrage benötigt, wobei im Feld KundenName eine aufstei-gende Sortierung (a) erfolgt. Der Cursor wird anschließend in eine freie Spalte der Zeile Feld des Entwurfsbereichs gesetzt. In diese freie Spalte wird der Feldname Umsatz mit einem Doppelpunkt eingegeben. Rechts vom Doppelpunkt erfolgt die Ein-gabe der Feldbezüge, die durch mathematische Operatoren verbunden werden. Hier wird Menge * Preis eingegeben (b). Alle Feldnamen werden bei der Eingabe automa-tisch in eckige Klammern gesetzt.
- Als Ergebnis resultiert die Abfrage Umsatz, die mit dem Feld Umsatz eine zusätzlich erstellte Spalte in der Datenblattansicht enthält (2).
- Anschließend soll die Summe der Umsätze für jeden Kunden gruppiert werden, indem im Abfrageentwurfsfenster im Register ENTWURF in der Gruppe EINBLENDEN/ AUSBLENDEN auf SUMMEN geklickt wird (3). Daraufhin erscheint im Entwurfsbe-reich automatisch eine zusätzliche Zeile mit der Bezeichnung FUNKTION (a). Stan-dardmäßig wird die Funktion GRUPPIERUNG (b) für alle Felder eingestellt. Die Funk-tion GRUPPIERUNG führt keine Berechnung durch, sondern führt alle Datensätze der Tabelle, für die das Feld den gleichen Wert hat, im Abfrageergebnis zu einer Zeile zusammen. In allen anderen Feldern, die in die Abfrage aufgenommen werden, müssen ebenfalls Aggregatfunktionen stehen. Im Beispiel wird für das Feld Umsatz die Aggregatfunktion SUMME (c) ausgewählt, um die Summe aller Umsätze pro KundenID

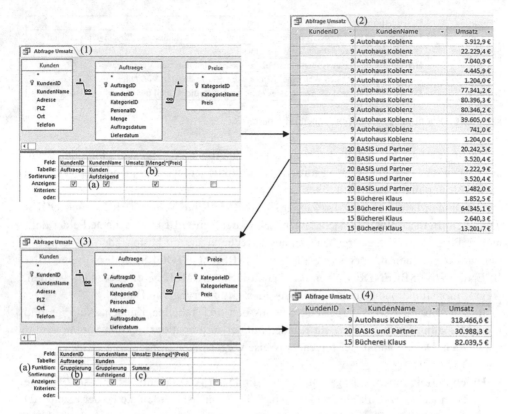

Abb. 6.47 Ermittlung der summierten Umsätze für Kunden mit der Aggregationsfunktion Summe

und KundenName anzuzeigen. Die Felder KundenID und KundenName haben somit die Aggregatfunktion GRUPPIERUNG, damit die Umsätze der einzelnen Kunden zu je einer Zeile zusammengefasst werden.

- Als Ergebnis resultiert die Abfrage Umsatz, die mit dem Feld Umsatz eine zusätzlich nach KundenID und KundenName gruppierte Spalte in der Datenblattansicht enthält (4).

Wenn mehrere Felder mit GRUPPIERUNG eingefügt werden, dann wird zuerst nach dem am weitesten links stehenden Feld gruppiert, anschließend nach dem nächsten rechten Feld usw. Da im beschriebenen Beispiel zwischen KundenID und KundenName eine 1:1-Beziehung besteht, spielt dies hier aber keine Rolle.

6.5.3.4 Auswahlabfragen mit mehreren Kriterien erstellen

Wenn mehrere Kriterien miteinander verbunden werden sollen, dann kommen die logischen Operatoren zum Einsatz. Beispiele hierfür wären der logische Und-Operator (sind alle Kriterien erfüllt, wird der Datensatz angezeigt) sowie der logische Oder-Operator (ist mindestens ein Kriterium erfüllt, wird der Datensatz angezeigt).

Logische Und-Operatoren

Beim logischen Und-Operator werden die Kriterien einer Abfrage in der Zeile KRITE-
RIEN des Entwurfsbereichs eingegeben [1]. Ein logischer Und–Operator kann defi-
niert werden, indem die gewünschten Kriterien in die Zeile KRITERIEN, also in eine
Zeile eingegeben werden. In Abb. 6.48 werden zum Beispiel alle Datensätze mit der
LieferantID 1 selektiert (1), die gleichzeitig auch einen Einzelpreis unter 10 Euro auf-
weisen (2).

Logische Oder-Operatoren

Ein logischer Oder-Operator kann definiert werden, indem Kriterien in zwei oder mehr
Zeilen eingegeben werden [1]. Dabei wird die Bedingung in die Zeile KRITERIEN (1)
und die optionale Bedingung in die Zeile ODER (2) eingegeben. In Abb. 6.49 werden
zum Beispiel alle Datensätze mit der LieferantID 1 selektiert und darüber hinaus werden
alle Datensätze selektiert, die einen Einzelpreis unter 10 Euro aufweisen. Die Ergebnismenge ist somit beim logischen Oder-Operator wesentlich größer als beim logischen
Und-Operator.

Bei Abfragen in einem Feld des Datentyps Ja/Nein kann nach einem Nein-Wert gesucht
werden, wenn bei den Kriterien Nein, Falsch, Aus oder 0 eingegeben wird. Nach einem
Ja-Wert kann dagegen gesucht werden, wenn bei den Kriterien Ja, Wahr, Ein oder -1 eingegeben wird.

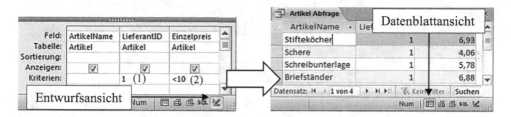

Abb. 6.48   Beispiel einer Abfrage mit UND-Operator

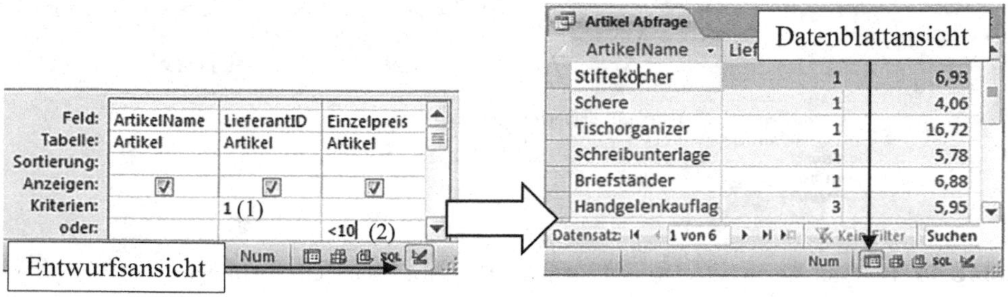

Abb. 6.49   Beispiel einer Abfrage mit Oder-Operator

6.5.3.5 Berechnete Felder in Auswahlabfragen erstellen

6.5.3.5.1 Verwendung von mathematischen Operatoren

Mathematische Operatoren werden zur Berechnung von Feldern in Abfragen verwendet [1]. In der Entwurfssicht einer Abfrage lassen sich auch Datenfelder anzeigen, deren Inhalte erst bei der Ausführung der Abfrage erzeugt werden. Es kann zum Beispiel ein neues Feld hinzugefügt werden, in dem aus einem Einzelpreis (Nettopreis) der Bruttopreis (Nettopreis + Umsatzsteuer) berechnet wird. In der Abb. 6.50 wird dargestellt, wie zunächst aus einer Abfrage von Büroartikeln mit Preisen ein neues berechnetes Feld aus mathematischen Operatoren und Feldnamen erzeugt werden kann. Dabei kann in der folgenden Weise vorgegangen werden:

- Durchführung einer Abfrage von Büroartikeln mit Preisen mit dem Namen Artikel-Bruttopreise (1).
- Der Cursor wird anschließend in eine freie Spalte der Zeile Feld des Entwurfsbereichs einer Abfrage gesetzt. In die freie Spalte wird der Feldname Bruttopreis mit einem Doppelpunkt eingegeben. Rechts vom Doppelpunkt erfolgt die Eingabe der Feldbezüge, die durch mathematische Operatoren verbunden werden. Hier wird Einzelpreis * 1,19 eingegeben. Alle Feldnamen werden bei der Eingabe automatisch in eckige Klammern gesetzt (2).
- Als Ergebnis resultiert die Abfrage ArtikelBruttopreise, die mit der Spalte Bruttopreis eine zusätzlich erstellte Spalte enthält (3).

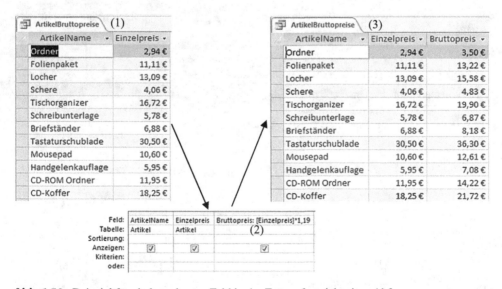

Abb. 6.50 Beispiel für ein berechnetes Feld in der Entwurfsansicht einer Abfrage

Mathematische Operatoren zur Berechnung von Feldern in Abfragen wären zum Beispiel:

- * : Multiplikation von Zahlen (zum Beispiel Umsatz: [Preis] * [Menge]),
- \+ : Addition von Zahlen (zum Beispiel Bruttoprcis: [Nettopreis] + [Umsatzsteuer]),
- − : Subtraktion von Zahlen (zum Beispiel Gewinn: [Umsatz] − [Kosten]),
- / : Division von Zahlen (zum Beispiel Stückpreis: [Umsatz] / [Stückzahl]),
- ^ : Potenzieren einer Zahl mit dem angegebenen Exponenten: [Länge] ^ 2.

Falls das berechnete Feld nicht im richtigen Format angezeigt wird, dann kann das gewünschte Anzeigeformat über den Kontextmenüpunkt EIGENSCHAFTEN im Listenfeld FORMAT ausgewählt werden. Zur einfacheren Eingabe eines berechneten Feldes kann das Zoom-Fenster mit der Tastenkombination ↑ + F2 aufgerufen werden.

6.5.3.5.2 Verwendung des Verknüpfungsoperators &

Mit dem Verknüpfungsoperator & lassen sich Textfelder verknüpfen [1]. Im Beispiel der Abb. 6.51 sollen die Felder Rechnungsanschrift, PLZ und Ort einer Tabelle Kundenverwaltung in einer Abfrage in einem neuen Feld mit dem Namen Anschrift zusammengefasst werden. Dabei werden die Feldnamen in eckige Klammern und Texte in Anführungszeichen gesetzt.

Dabei ist wie folgt vorzugehen:

- Erstellen eines neuen Abfrageentwurfs auf Basis der Tabelle Kundenverwaltung mit den Feldern Nachname, Vorname, Rechnungsanschrift, PLZ und Ort.
- In ein weiteres Feld ist dann die Syntax NeuerFeldname: Formel einzugeben, wobei die Formel auch Funktionen enthalten kann. Alles was vor dem Doppelpunkt steht, bezeichnet den Namen des Feldes, der zusammengeschrieben werden soll, und alles was nach dem Doppelpunkt steht, beschreibt die Berechnung des Feldes. Ein neuer Feldname muss ein Name sein, der weder in der Abfrage links des berechneten Feldes noch in der Feldliste vorkommt. Im dargestellten Beispiel ist einzugeben: Anschrift: Rechnungsanschrift & "," & " " & Ort. Bei der manuellen Eingabe können eckige Klammern weggelassen werden, weil die Feldnamen eindeutig und ohne problematische Sonderzeichen sind.

Abb. 6.51 Beispiel Abfrage Kundenname und Anschrift

6.5.3.5.3 Verwendung von vordefinierten Funktionen

In Access stehen vorgefertigte Funktionen und vorgefertigte Ausdruckselemente zur Verfügung, mit denen Berechnungen von Feldern in Abfragen durchgeführt werden können [1]. Wenn eine spezielle Funktion gesucht wird, dann kann dies über den Aufruf des Ausdrucks-Generators erfolgen. Der Ausdrucks-Generator lässt sich über das Tastenkürzel Strg + F2 aufrufen. Alternativ lässt sich der Ausdrucks-Generator auch im Register ENT-WURF in der Gruppe ABFRAGESETUP über die Schaltfläche GENERATOR oder den Kontextmenüpunkt AUFBAUEN aufrufen. Er enthält nicht nur alle integrierten und benutzerdefinierten Funktionen nach Ausdruckskategorien gruppiert, sondern kann auch Felder und Steuerelemente von allen Objekten der aktuellen Datenbank anzeigen.

Die AUSDRUCKSELEMENTE (a) AUSDRUCKS-GENERATORS (2) der Abb. 6.52, wie zum Beispiel die INTEGRIERTE FUNKTIONEN, werden im Feld AUSDRUCKSKA-TEGORIEN in verschiedene Kategorien, wie zum Beispiel die Ausdruckskategorie

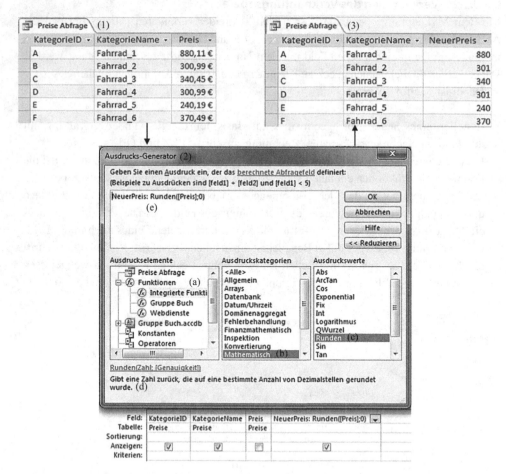

Abb. 6.52 Der Ausdrucks-Generator mit allen Funktionen und Inhalten einer Datenbank

MATHEMATISCH, unterteilt (b). Wenn die gewünschte Ausdruckskategorie ausgewählt wurde, dann kann im Feld AUSDRUCKSWERTE zum Beispiel der Ausdruckswert RUNDEN ausgewählt werden (c). Im Ausdrucksfeld (e) wird dann der Ausdruck angezeigt, der erstellt wurde. Bei der Eingabe von Ausdrücken in das Ausdrucksfeld wird der Anwender ebenso wie bei der Eingabe von Ausdrücken im Entwurfsbereich der Abfrage von der sogenannten IntelliSense-Funktionalität unterstützt. IntelliSense wird bei der Eingabe eines ersten Buchstabens aktiv und zeigt eine Auswahl der im aktuellen Kontext möglichen Eingaben. Die gewünschte Funktion kann dann über einen Doppelklick in das entsprechende Feld eingefügt werden.

Wenn zum Beispiel die Preise der Abfrage in der dargestellten Abbildung auf 0 Nachkommastellen gerundet werden sollen, dann ist wie folgt vorzugehen:

- Der AUSDRUCKS-GENERATOR wird über das Tastenkürzel Strg + F2 aufgerufen.
- Doppelklick auf den Ordner FUNKTIONEN im linken Feld der AUSDRUCKSELEMENTE und Markierung des untergeordneten Ordners INTEGRIERTE FUNKTIONEN (a).
- Im mittleren Feld (b) ist unter den AUSDRUCKSKATEGORIEN die Kategorie auszuwählen, für die eine Funktion benötigt wird. Eine Liste mit allen vorhandenen Funktionen kann über den Eintrag <ALLE> erzeugt werden.
- Im Feld AUSDRUCKSWERTE (c) kann mit einem Doppelklick die gewünschte Funktion, wie zum Beispiel die Funktion RUNDEN, ausgewählt werden.
- Im unteren Bereich des Dialogfensters wird die Beschreibung der Funktion (d) angezeigt.
- Im oberen Feld (e) können die vorhandenen Platzhalter der ausgewählten Formel überschrieben werden. Beispielsweise kann festgelegt werden, dass die Preise für Fahrradkategorien mit 0 Stellen hinter dem Komma dargestellt werden, indem für den hinteren Platzhalter eine 0 geschrieben wird.

Die einfachen vordefinierten Funktionen, bei denen noch keine zusammenfassenden Berechnungen für bestimmte Felder durchgeführt werden sollen, lassen sich in Text-, Datums- und Zahlenfunktionen sowie sonstigen Funktionen unterscheiden. Mit den folgenden Funktionen lassen sich die wichtigsten Aufgaben lösen, die in Unternehmen anfallen.

Die Textfunktionen eignen sich dafür, Texte umzuwandeln oder bestimmte Funktionen daraus zu ermitteln. Die wichtigsten Textfunktionen werden in der Abb. 6.53 dargestellt. Zur genaueren Darstellung kann die Hilfe zur jeweiligen Funktion durchgelesen werden. In der Hilfe finden sich umfangreiche Informationen, zum Beispiel unter den Begriffen VERWENDEN DES AUSDRUCKS-GENERATORS, ERSTELLEN DES AUSDRUCKS oder ACCESS FUNKTIONEN.

Funktion	Beschreibung
Links(Text;n)	Gibt die ersten n Zeichen des Textes zurück
Rechts(Text;n)	Gibt die letzten n Zeichen des Textes zurück
Teil(Text;n;m)	Gibt ab Position n die m Zeichen des Textes zurück
Länge(Text)	Gibt die Anzahl der Zeichen des Textes zurück
InStr(Text;Suchtext)	Gibt die Position des ersten Zeichens von Suchtext zurück oder 0 bei keinem Befund
InStr(Text;Suchtext)	Gibt die Position des letzten Zeichens von Suchtext zurück oder 0 bei keinem Befund
Kleinbst(Text)	Gibt den Text in Kleinbuchstaben zurück
Grossbst(Text)	Gibt den Text in Großbuchstaben zurück
Ersetzen(Text;Such-text;Ersatztext)	Gibt den Text zurück, in dem alle Suchtext-Elemente ersetzt werden

Abb. 6.53 Die wichtigsten Funktionen für Text

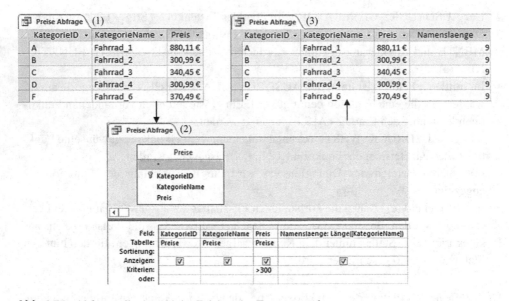

Abb. 6.54 Abfrage gibt Anzahl der Zeichen des Textes zurück

Als Beispiel wird die Erstellung der Funktion Länge(Text) in der Abb. 6.54 dargestellt, die die Zeichenlänge eines Eintrages wie folgt ermittelt:

- Auf der Grundlage der Tabelle Preise wird eine Abfrage ermittelt (1).
- In die Entwurfssicht der Abfrage wird Namenslaenge: Länge(KategorieName) einge-geben (2).
- Als Ergebnis erscheint in der Datenblattsicht beim Feld Namenslaenge die Zahl 9 bei jedem Datensatz, da alle Namen des Feldes KategorieName neun Zeichen bein-halten (3). Die Eingabe einer absteigenden Sortierung beim Feld Namenslaenge würde Sinn ergeben, wenn nach den Namen mit den meisten Zeichen gesucht wer-den würde.

Für die Berechnung eines Datums stehen die in der Abb. 6.55 dargestellten Funktionen zur Verfügung.

Als Beispiel wird die Erstellung der Funktionen Tag(Datum), Monat(Datum) und Jahr(Datum) in der Abb. 6.56 dargestellt, wobei das Eintrittsdatum eines Mitarbeiters in den Tag, Monat und das Jahr des Firmeneintritts wie folgt zerlegt wird:

- Auf der Grundlage der Tabelle Personal wird eine Abfrage ermittelt (1).
- In die Entwurfssicht der Abfrage werden drei neue berechnete Felder definiert, und zwar EintrittsTag: Tag([Eintrittsdatum]), EintrittsMonat: Monat([Eintrittsdatum]) und EintrittsJahr: Jahr([Eintrittsdatum]) (2).
- Als Ergebnis erscheinen in der Datenblattsicht in den drei neuen Feldern die zerlegten Datumswerte für den Firmeneintritt eines Mitarbeiters in Tag, Monat und Jahr (3).

Wichtige Funktionen für Zahlen werden in der Abb. 6.57 dargestellt.

Die Format(Zahl,Format)-Funktion ist sehr vielseitig, da sie eine Zahl in einen formatierten Text umwandelt. Dabei kann die Zahl auch ein Datum sein, wie das in Abb. 6.58 dargestellt wird.

Funktion	Beschreibung
Tag(Datum)	Abfrage nach dem Tag des Datums
Monat(Datum)	Abfrage nach dem Monat des Datums
Jahr(Datum)	Abfrage nach dem Jahr des Datums
DatDiff(Intervall;Datum1;Datum2)	Ermittelt die Differenz zwischen zwei Datumswerten
DatWert(Datumstext)	Wandelt eine Zeichenkette in den zugehörigen Datumswert um
Jetzt()	Gibt das Datum einschließlich Uhrzeit anhand der Systemuhr zurück

Abb. 6.55 Die wichtigsten Funktionen für Datumswerte

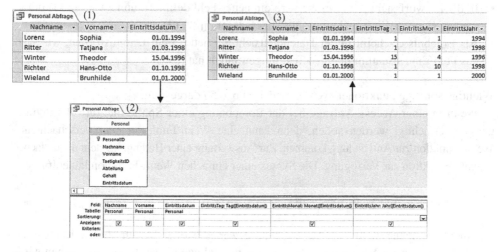

Abb. 6.56 Das Eintrittsdatum wird in seine Bestandteile zerlegt

Funktion	Beschreibung
Format(Zahl;Format)	Verwandelt die Zahl anhand von Format in einen Text
Runden(Zahl;Anzahl)	Gibt eine Zahl zurück, die auf eine Anzahl an Dezimalstellen gerundet wird

Abb. 6.57 Die wichtigsten Funktionen für Zahlen

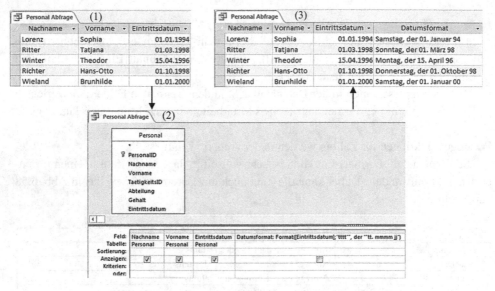

Abb. 6.58 Eine Zahl oder ein Datum wird anhand von Format in einen Text umgewandelt

Die Vorgehensweise wäre wie folgt:

- Auf der Grundlage der Tabelle Personal wird eine Abfrage ermittelt (1).
- In die Entwurfssicht der Abfrage wird ein neues Feld definiert, und zwar ein Datumsformat: Format([Eintrittsdatum];„tttt" oder „tt.mm.jjjj") (2).
- Als Ergebnis erscheint in der Datenblattsicht ein neues Feld Datumsformat, welches das Feld Eintrittsdatum in einen Text umgewandelt hat (3).

Wichtige sonstige Funktionen werden in der Abb. 6.59 dargestellt.

Wenn in einer Access-Abfrage bei der Berechnung einer Spalte mehrere Bedingungen berücksichtigt werden sollen, dann kann eine Wenn-Funktion oder verschachtelte Wenn-Funktion zur Anwendung kommen. Zur Auswertung einer Bedingung steht die einfache Wenn( )-Funktion zur Verfügung. Die Syntax einer einfachen Wenn-Funktion lautet [6, 1]:

Wenn(Ausdruck;Wahrwert;Sonstwert)

In einer Bedingung wird ein Ausdruck ausgewertet, wobei hierfür die üblichen Vergleichsoperatoren zur Verfügung stehen. Wenn die Bedingung erfüllt (wahr) ist, dann wird

Funktion	Beschreibung
Wenn(Ausdruck;Wahrwert;Sonstwert)	Gibt Wahrwert oder Sonstwert abhängig von der Auswertung von Ausdruck zurück
Nz(Wert;Ersatzwert)	Gibt Wert zurück oder Ersatzwert, falls Wert Null ist

Abb. 6.59 Die wichtigsten sonstigen Funktionen

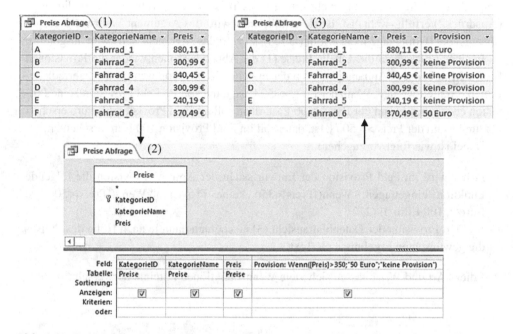

Abb. 6.60 Beispiel für eine Provisionsberechnung mit der Wenn-Funktion

das Argument Wahrwert ausgeführt. Ist die Bedingung nicht erfüllt (falsch), so wird das Argument Sonstwert ausgeführt. Das Argument kann ein Wert (Zahl oder Text), eine Formel oder eine Funktion sein, wobei der Text in Anführungszeichen geschrieben werden muss.

- In einer Abfrage auf die Tabelle Preise (1) der Abb. 6.60 sollen die Provisionen für die Mitarbeiter in Abhängigkeit von den erzielten Verkaufspreisen für die Fahrradkategorien ermittelt werden. Wenn der Preis größer als 350,00 € ist, dann soll im Feld Provision der Text „50 Euro" erscheinen, wenn der Preis <= 350,00 € ist, dann soll im Feld Provision „keine Provision" erscheinen.
- Im Feld Provision der Entwurfssicht der Abfrage wird die folgende Funktion eingetragen: Wenn([Preis]>350;„50 Euro"; „keine Provision") (2).
- Im Feld Provision der Datenblattansicht (3) erscheinen dann je nach Höhe des Preises die gewünschten Ergebnisse als Text.

Wenn Problemstellungen mehr als zwei Bedingungen erfordern, dann bietet die verschachtelte Wenn-Funktion eine Lösungsalternative. Die Syntax einer einfach verschachtelten Wenn-Funktion lautet [6, 1]:

Wenn(Ausdruck1;Wahrwert1;Wenn(Ausdruck2;Wahrwert2;Sonstwert))

Wenn die Bedingung1 (Ausdruck1) erfüllt (wahr) ist, dann wird das Argument Wahrwert1 ausgeführt. Ist die Bedingung nicht erfüllt (falsch), so wird geprüft, ob die Bedingung2 (Ausdruck2) erfüllt (wahr) ist. Ist sie erfüllt, dann wird das Argument Wahrwert2 ausgeführt. Ist die Bedingung2 nicht erfüllt (falsch), so wird das Argument Sonstwert ausgeführt.

In einer Abfrage auf die Tabelle Preise (1) der Abb. 6.61 sollen wieder die Provisionen für die Mitarbeiter in Abhängigkeit von den erzielten Verkaufspreisen für die Fahrradkategorien ermittelt werden. Wenn der Preis <350 € ist, dann soll im Feld Provision keine Provision erscheinen, wenn der Preis <500 € ist, dann soll im Feld Provision 50 Euro erscheinen und wenn der Preis >= 500 € ist, dann soll im Feld Provision 100 Euro erscheinen.

Dabei ist wie folgt vorzugehen:

- Daher wird im Feld Provision der Entwurfssicht der Abfrage Provision die folgende Funktion eingetragen: Wenn([Preis]<350;„keine Provision";Wenn([Preis]<500;„50 Euro";„100 Euro")) (2).
- Im Feld Provision der Datenblattansicht (3) erscheinen dann je nach Höhe des Preises die gewünschten Ergebnisse als Text.

Auf diese Art und Weise lassen sich viele Wenn-Funktionen miteinander verschachteln.

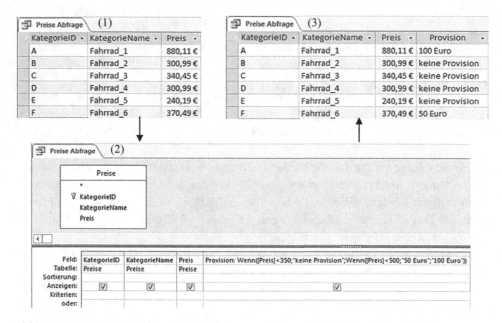

Abb. 6.61 Beispiel für die Provisionsberechnung mit der verschachtelten Wenn-Funktion

6.5.4   Weitere Abfragen mit Access erstellen

In Access werden weitere unterschiedliche Möglichkeiten geboten, um Abfragen durchzuführen. Diese werden im Folgenden nur kurz erwähnt. Somit kann je nach Aufgabenstellung eine der folgenden Abfragearten ausgewählt werden [1, 4]:

*   **Abfragen mit Parametern** zeigen ein Dialogfenster zur Eingabe von Kriterien für die Abfrage an. Eine Parameterabfrage wird zum Beispiel verwendet, wenn alle Lieferungen eines bestimmten Lieferanten aufgelistet werden sollen. Sie kann erstellt werden, indem eine Abfrage in der Entwurfssicht erzeugt wird und der Cursor in die Zeile KRITERIEN der Spalte gesetzt wird, die als Auswahlfeld gelten soll. Anschließend wird der Parametername, beispielsweise der Name des Lieferanten [Meyer Systemhaus], in eckigen Klammern eingegeben. Nach der Ausführung der Abfrage wird das Dialogfenster eingeblendet, in das der Parametername eingegeben werden kann.
*   **Aktionsabfragen** dienen dazu, eine Gruppe von Daten in Tabellen in einem Schritt zu aktualisieren, anzufügen, zu löschen oder neue Tabellen zu erstellen. Hierzu stehen die folgenden Abfragen zur Verfügung: Die **Aktualisierungsabfrage**, mit der eine Gruppe von Daten auf einmal aktualisiert werden kann, die **Anfügeabfrage**, mit der Datensätze an vorhandene Tabellen angefügt werden können, die **Löschabfrage**, mit der Datensätze aus Tabellen gelöscht werden können und die **Tabellenerstellungsabfrage**, mit der neue Tabellen basierend auf einer Abfrage erstellt werden können. Der Aufruf erfolgt über das Register ENTWURF, Gruppe ABFRAGETYP, Schaltfläche AKTUALISIEREN, ANFÜGEN, LÖSCHEN oder TABELLE ERSTELLEN.
*   Die **Duplikatsuche** wird verwendet, wenn nach doppelten Datensätzen in einer Tabelle oder Abfrage gesucht werden soll. Der Aufruf erfolgt über das Register ENTWURF, Gruppe ANDERE, Schaltfläche ABFRAGE-ASSISTENT, Eintrag ABFRAGE-ASSISTENT ZUR DUPLIKATSSUCHE.
*   Die **Inkonsistenzsuche** wird verwendet, wenn nach Detaildatensätzen gesucht werden soll, die über keinen übereinstimmenden Datensatz in der Mastertabelle verfügen. Für die Inkonsistenzsuche müssen vorher keine Beziehungen zwischen den Tabellen definiert worden sein. Der Aufruf erfolgt über das Register ENTWURF, Gruppe ANDERE, Schalfläche ABFRAGE-ASSISTENT, Eintrag ABFRAGE-ASSISTENT ZUR INKONSISTENZSUCHE.

6.6   Daten ausgeben

6.6.1   Grundlagen von Berichten

Ein Bericht ist ein Datenbankobjekt, mit dem die Daten von Tabellen oder Abfragen angezeigt, zusammengefasst und anschaulich gedruckt werden können [1]. Die Daten innerhalb eines Berichts lassen sich gruppiert darstellen, sodass beispielsweise bei Arbeitsaufgaben die Namen der Mitarbeiter als Gruppenüberschrift dargestellt werden.

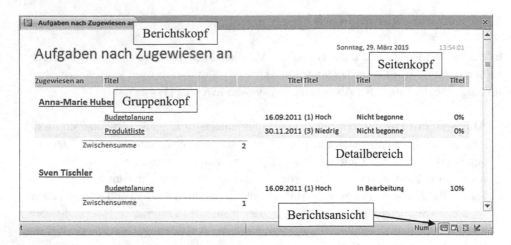

Abb. 6.62 Elemente eines gruppierten Berichts

Die Abb. 6.62 zeigt die folgenden Elemente eines gruppierten Berichts:

- Der Berichtskopf wird auf der ersten Seite des gedruckten Berichts ausgegeben und enthält eine Beschreibung des Berichts.
- Der Seitenkopf und -fuß erscheint auf jeder Berichtsseite und kann die Überschriften der Spalten (Feldnamen), Seitenzahlen, das aktuelle Datum oder Zwischensummen enthalten.
- Der Gruppenkopf steht am Beginn jeder Gruppe. Hier finden sich Gruppen- oder Spaltenüberschriften der in der Gruppe vorhandenen Felder. Im Gruppenfuß können Zusammenfassungen numerischer Gruppenfelder ausgegeben werden.
- Der Detailbereich enthält die Inhalte der Felder.

6.6.2 Berichte mit dem Assistenten erstellen

Berichte können mit dem Berichts-Assistenten erstellt werden [1]. Dabei lassen sich über verschiedene Dialogfenster alle benötigten Datenfelder auswählen und in den Bericht einfügen. Zur Darstellung der Daten kann ein Bericht mit verschiedenen Gruppierungsebenen, einem eigenen Layout und einem eigenen Format erstellt werden. Die Vorgehensweise ist dabei:

- Über das Register ERSTELLEN in der Gruppe BERICHTE wird die Schaltfläche BERICHTS-ASSISTENT ausgewählt,
- die gewünschten Tabellen bzw. Abfragen werden mit den gewünschten Feldern aus den Listenfeldern ausgewählt,
- anschließend ist festzulegen, ob die Datensätze nach Feldern gruppiert werden sollen,

- danach sind die Felder aus dem Listenfeld auszuwählen, nachdem die Datensätze AUF-STEIGEND oder ABSTEIGEND sortiert werden sollen. Über die Schaltfläche ZUSAMMENFASSUNGSOPTIONEN können numerische Datenfelder ausgewertet werden.
- Dann sind das gewünschte Layout und die gewünschte Seitenausrichtung auszuwählen und der Bericht zu benennen.

6.6.3 Berichte automatisch erstellen

Berichte lassen sich auch sehr schnell automatisch über einen sogenannten Basisbericht mit Standardeinstellungen im einspaltigen Layout erstellen [1]. Dabei werden alle Datenfelder einer Tabelle oder Abfrage im Bericht in einem Block zusammengefasst und eingefügt. Ein Bericht lässt sich automatisch wie folgt erstellen:

- Im Navigationsbereich wird die Tabelle oder Abfrage, für die ein Basisbericht erstellt werden soll, markiert.
- Im Register ERSTELLEN in der Gruppe BERICHTE wird die Schaltfläche BERICHT aktiviert.
- Der Basisbericht wird nach dem Erstellen in der Layoutansicht geöffnet und kann bei Bedarf angepasst werden. Hierzu stehen die Register ENTWURF, ANORDNEN, FORMAT und SEITE EINRICHTEN der BERICHTSLAYOUTTOOLS zur Verfügung.
- Bei Bedarf kann das Seitenlayout über die Seitenansicht geändert werden.
- Der Bericht lässt sich über das Register SEITENANSICHT, Gruppe DRUCKEN, Schaltfläche DRUCKEN am Ende ausdrucken.

6.6.4 Berichte manuell erstellen

Wenn von Anfang an die individuelle Gestaltung eines Berichts vorgenommen werden soll, so kann ein leerer Bericht in der Layoutansicht manuell erstellt und nach eigenen Bedürfnissen angepasst werden. Ein Bericht lässt sich manuell wie folgt erstellen:

- Im Register ERSTELLEN in der Gruppe BERICHTE wird die Schaltfläche LEERER BERICHT aktiviert.
- Daraufhin wird ein leerer Bericht in der Layoutansicht geöffnet. Der Aufgabenbereich Feldliste wird eingeblendet, aus dem die gewünschten Felder der entsprechenden Tabellen mit Doppelklick ausgewählt und im leeren Bericht eingefügt werden können.
- Bei Bedarf kann der Bericht in der Layoutansicht angepasst werden.

6.7   Übungen

Im Folgenden werden einige Übungen zu den behandelten Themen mit MS Access 2016
dargestellt. Ähnliche und weitere Übungen mit MS Access finden sich z. B. bei Bossert/
Weikert oder Swoboda/Buhlert [2, 1, 7].

In der Abb. 6.63 wird eine Schnellübersicht zur Übung 6.1 dargestellt.

Übung 6.1: Nach Access-Hilfethemen suchen (Zeit: 5 min.)

1) Sie möchten sich über das Thema SYMBOLLEISTE informieren. Rufen Sie die Hilfe
   auf, geben Sie im Suchfeld den Begriff SYMBOLLEISTE ein und starten Sie die Suche.
2) Wählen Sie das Hilfethema SYMBOLLEISTE FÜR DEN SCHNELLZUGRIFF
   ANPASSEN.
3) Geben Sie im Suchfeld TASTENKOMBINATIONEN FÜR ACCESS ein und lesen Sie
   sich die Erläuterungen durch.
4) Sie möchten nun nach weiteren Informationen suchen. Klicken Sie in das Suchfeld des
   Hilfefensters, geben Sie den Begriff NAVIGATIONSBEREICH ein und starten Sie die
   Suche erneut.
5) Wechseln Sie im Hilfefenster zurück zum zuvor angezeigten Hilfetext.
6) Schließen Sie das Hilfefenster.

In der Abb. 6.64 wird eine Schnellübersicht zur Übung 6.2 dargestellt.

Sie möchten...	
ACCESS starten	Access über die Startschaltfläche 🅰 öffnen oder im Suchfeld die Anfangsbuchstaben von ACCESS eingeben
ACCESS beenden	Symbol ▬✕
eine Datenbank öffnen	Register DATEI, Schalfläche ÖFFNEN oder Strg + O
allgemeine Programmeinstellungen vornehmen	Register DATEI, Schaltfläche OPTIONEN
eine Datenbank schließen	Register DATEI, Schaltfläche DATENBANK SCHLIESSEN
die Hilfefunktion aufrufen	Symbol ❷ oder F1
einen Hilfetext suchen	Frage in das Suchfeld des Hilfefensters eingeben
zwischen aufgerufenen Hilfetexten wechseln	⬅ ➡

Abb. 6.63 Schnellübersicht zur Access-Übung 6.1

Sie möchten...	
den Navigationsbereich erweitern/reduzieren	Schaltfläche » bzw. «
eine Gruppe erweitern/reduzieren	Schaltfläche ⯆ bzw. ⯅
ein Objekt öffnen	Objekt mit rechts anklicken und Kontextmenüpunkt ÖFFNEN
zwischen geöffneten Objekten wechseln	Dokumentregisterkarte anklicken
ein Objekt schließen	gewünschte Dokumentregisterkarte anklicken
Eine neue Datenbank mit einer mitgelieferten Vorlage erstellen	Register DATEI, Kategorie NEU, Schaltfläche BEISPIELVORLAGEN, gewünschte Vorlage anklicken
Eine neue Datenbank manuell erstellen	Register DATEI, Kategorie NEU, Schaltfläche LEERE DATENBANK
Anwendungsparts hinzufügen	Register ERSTELLEN, Kategorie VORLAGEN, Schaltfläche ANWENDUNGSPARTS

Abb. 6.64 Schnellübersicht zur Access-Übung 6.2

Übung 6.2: Objekte der Datenbank anzeigen (Zeit: 5 min.)

1) Erstellen Sie eine neue leere Datenbank mit dem Namen Uebung 6.2.
2) Fügen Sie der Datenbank die Anwendungsparts Kontakte hinzu.
3) Reduzieren Sie den Navigationsbereich und erweitern Sie ihn anschließend wieder.
4) Erweitern und reduzieren Sie alle vorhandenen Gruppen.
5) Probieren Sie die verschiedenen Ansichten für die Objekte der Gruppen aus.
6) Stellen Sie die standardmäßig eingestellten Ansichten wieder her (Kategorie: Objekttyp, Filter: Alle Access Objekte).
7) Öffnen Sie das Formular Kontaktdetails.
8) Schließen Sie das Formular und anschließend die Datenbank.

Übung 6.3: Aufbau von Tabellen (Zeit: 3 min.)
Information:

In einer Datenbank werden Informationen in Form von Daten gespeichert. Die einzelnen Spalten beinhalten bei Datenbanken Datenfelder, in die Eintragungen vorgenommen werden können. Ein Datensatz besteht aus einer kompletten Reihe von Feldern zu ein und demselben Element. Die Überschriften der Tabellenspalten entsprechen dann den Feldnamen.

Ausgangssituation:
Die Personalabteilung eines Betriebes erfasst die Daten der Mitarbeiter in einer Tabelle.

Arbeitsauftrag:
Ordnen Sie die Begriffe Datensatz, Feld, Feldnamen und Daten dem Bild in Abb. 6.65 zu.
In der Abb. 6.66 wird eine Schnellübersicht zur Übung 6.4 dargestellt.

Personal	Nachname	Vorname	TaetigkeitsID	Abteilung	Gehalt	Eintrittsdatum
1	Lorenz	Sophia	1	A	1.150,00 €	01.01.1994
2	Ritter	Tatjana	5	B	2.152,75 €	01.03.1998
3	Winter	Theodor	6	C	1.227,78 €	15.04.1996
4	Richter	Hans-Otto	3	D	3.150,00 €	01.10.1998
5	Wieland	Brunhilde	3	D	3.490,00 €	01.01.2000
6	Winkler	Bettina	6	C	1.149,95 €	01.01.2000
7	Weber	Karl-Heinz	2	A	1.850,00 €	08.08.2002
8	Hagen	Friedhelm	5	B	3.400,00 €	24.07.1994
9	Schulz	Wilfried	6	C	1.990,20 €	01.01.1995
10	Santer	Claudia-Maria	3	D	3.072,50 €	20.06.1996

Abb. 6.65 Aufbau von Tabellen

Sie möchten…	
Feldeigenschaften festlegen	Im Feldeigenschaftenbereich der Entwurfssicht einer Tabelle die gewünschten Eigenschaften bearbeiten
den Eingabeformatassistenten benutzen	Cursor in das Feld der Eigenschaft EINGABEFORMAT setzen, auf die Schaltfläche ⌷ klicken
eine Nachschlagliste mit dem Assistenten erstellen	Cursor in Spalte FELDDATENTYP der Entwurfsansicht der Tabelle setzen, im Listenfeld Eintrag NACHSCHLAGE-ASSISTENT auswählen
eine Nachschlagliste manuell erstellen	Im Feldeigenschaftenbereich das Register NACHSCHLAGEN aktivieren, im Listenfeld STEUERELEMENT ANZEIGEN die Option LISTENFELD bzw. KOMBINATIONSFELD auswählen

Abb. 6.66 Schnellübersicht zur Übung 6.4

Übung 6.4: Feldeigenschaften festlegen (Zeit: 10 min.)

1) Öffnen Sie die Datenbank Uebung 6.4 und legen Sie die folgenden Feldeigenschaften fest:

Tabelle:	Mitarbeiter
Feld	**Beschreibung der Feldeigenschaften**
Nachname	Maximal 30 Zeichen, Eingabe ist erforderlich
Vorname	Maximal 20 Zeichen
Abteilung	Nachschlagefeld: Es soll eine Nachschlageliste selbst erstellt werden mit den Inhalten Büro, Vertrieb, Geschäftsführung
Eintrittsdatum	Datum kurz, Eingabeformat: ein geeignetes Datumsformat Eingabemaske: __.__.____

Tabelle:	Kundenverwaltung
Feld	**Beschreibung der Feldeigenschaften**
Nachname	Eingabe ist erforderlich
Rechnungsanschrift	Maximal 25 Zeichen
PLZ	Genau 5 Ziffern lang, Eingabemaske: *****, Eingabe erforderlich
Ort	Maximal 25 Zeichen, Eingabe erforderlich
Telefonnummer	Eingabemaske: (*****)******** nach der Vorwahl maximal 8 Ziffern, nur die ersten drei Ziffern sind erforderlich.
KundeSeit	Format: Datum, mittel, da die Firma erst 2009 gegründet wurde, wird eine Gültigkeitsregel eingefügt, die nur Datumsangaben zulässt, die zwischen dem 01.01.2009 und dem Eingabedatum liegen.

2) Geben Sie in die Tabellen Mitarbeiter und Kundenverwaltung jeweils ein Beispieldatensatz ein, speichern Sie die Datenbank, schließen Sie die Tabellen und testen Sie anschließend, ob in den angelegten Nachlagefeldern Ihre Daten angezeigt werden.

In der Abb. 6.67 wird eine Schnellübersicht zu den Übungen 6.5 und 6.6 dargestellt.

Sie möchten…	
eine neue Datenbank manuell erstellen	Register DATEI, Kategorie NEU, Schaltfläche LEERE DATENBANK
eine Tabelle in der Datenblattansicht erstellen	Register ERSTELLEN, Gruppe TABELLEN, Schaltfläche TABELLE
ein neues Feld über die Spalte NEUES FELD HINZUFÜGEN	Eingabefeld der Spalte ZUM HINZUFÜGEN KLICKEN anklicken, Beispielwert eingeben oder Spaltenkopf der Spalte ZUM HINZUFÜGEN KLICKEN anklicken, Eintrag aus Feldkatalog, Feldname eingeben
vordefinierte Felder über die Schaltfläche WEITERE FELDER erstellen	Register FELDER, Gruppe HINZUFÜGEN und LÖSCHEN, Schaltfläche WEITERE FELDER, Eintrag wählen
eine Tabelle speichern oder schließen	Symbol speichern oder x anklicken
in der Datenblattansicht ein Feld einfügen oder löschen	Spalte markieren, Register FELDER in der Gruppe HINZUFÜGEN UND LÖSCHEN, Schaltfläche mit dem gewünschten Datentyp anklicken oder Schaltfläche LÖSCHEN
von der Entwurfsansicht in die Datenblattansicht wechseln und umgekehrt	Register ENTWURF, Gruppe ANSICHTEN, Schaltfläche ANSICHT
einen Feldnamen und einen Felddatentyp in der Entwurfsansicht festlegen	In Spalte FELDNAME Name einfügen und in der Spalte FELDDATENTYP den Datentyp auswählen

Abb. 6.67 Schnellübersicht zu den Übungen 6.5 und 6.6

Übung 6.5: Tabellen erstellen und bearbeiten (Zeit: 15 min.)

Es soll eine neue leere Datenbank Uebung 6.5 erstellt werden. Die erste Tabelle der Datenbank soll die Daten der Mitarbeiter eines Büros speichern.

1) Erstellen Sie manuell eine neue leere Datenbank und geben Sie ihr den Namen Uebung 6.5.
2) Erstellen Sie in der leeren Tabelle die Felder Nachname und Vorname. Verwenden Sie zur Erstellung vordefinierte Felder.
3) Speichern Sie die Tabelle und wählen Sie als Bezeichnung den Namen Mitarbeiter.
4) Klicken Sie in der Datenblattansicht auf die Schaltfläche WEITERE FELDER und fügen Sie über den Eintrag ADRESSE Felder zur Verwaltung der Adressdaten ein.
5) Fügen Sie die Felder Abteilung und Firmeneintritt ein und legen Sie für das Feld Firmeneintritt das Format DATUM MITTEL fest.
6) Geben Sie die Datensätze der Abb. 6.68 in der Datenblattansicht ein und löschen Sie die weiteren Spalten.
7) Erstellen Sie die neue Tabelle mit dem Namen Kundenverwaltung. Die Tabelle soll die in der Abb. 6.69 dargestellten Felder enthalten: KundeID, Nachname, Vorname, Land, Ort, PLZ, Rechnungsanschrift, Telefonnummer, Faxnummer, KundeSeit, Bemerkungen. Wählen Sie geeignete Datentypen aus.
8) Schließen Sie die Tabelle und öffnen Sie die Entwurfssicht. Fügen Sie ein weiteres Feld VIP ein und weisen Sie ihm den Datentyp Ja/Nein als Kombinationsfeld zu.
9) Wechseln Sie in die Datenblattansicht und geben Sie die zwei in der unteren Tabelle enthaltenen Datensätze ein.
10) Verändern Sie die Reihenfolge der Felder.
11) Schließen Sie die Datenbank.

⊞ Mitarbeiter								
ID ▾	Nachname ▾	Vorname ▾	Adresse ▾	PLZ ▾	Ort ▾	Abteilung ▾	Firmeneintritt ▾
1	Andel	Heike	Hochstr. 3	65195	Wiesbaden	Personal	01. Jan. 09
2	Bauer	Joachim	Auenstr. 45	65185	Wiesbaden	Vertrieb	01. Sep. 10

Abb. 6.68 Tabelle Mitarbeiter

⊞ Kundenverwaltung										
Nachname ▾	Vorname ▾	Land ▾	Ort ▾	PLZ ▾	Rechnungsanschrift ▾	Telefonnummer ▾	Faxnummer ▾	KundeSeit ▾	VIP ▾
Abendstern	Christian	D	Berlin	10011	Kurfüstendamm 456	030 34765234	030 34765235	21.01.2003	Ja
Alitz	Denise	D	Bremen	28122	Klarastraße 13	0421 34125344	0421 34125345	12.08.2000	Ja

Abb. 6.69 Tabelle Kundenverwaltung

Übung 6.6: Tabellen erstellen und bearbeiten (Zeit: 10 min.)

Erstellen Sie eine neue Tabelle mit dem Namen Mitarbeiterdaten in einer Datenbank
Uebung 6.6. Die Tabelle soll folgende Felder enthalten:

ID, Personal-Nr, Nachname, Vorname, Abteilung, Tel intern, verheiratet, E-Mail intern,
Geburtstag und Firmeneintritt. Wählen Sie für jede Spalte ein geeignetes Format, so dass
die erstellte Tabelle wie die in der unten dargestellten Tabelle aussieht. Für die Spalten
Personal-Nr und Tel intern sollen geeignete Zahlenformate gewählt werden, die aber die
Speicherkapazität nicht unnötig belasten. Für die Spalten Geburtstag und Firmeneintritt
sollen geeignete Datumsformate gewählt werden, so dass das in der Abb. 6.70 dargestellte
Schriftbild erzeugt werden kann. Geben Sie die erste Zeile der folgenden Tabelle ein und
speichern Sie die Tabelle.

In der Abb. 6.71 wird eine Schnellübersicht zur Übung 6.7 dargestellt.

⊞ Mitarbeiterdaten									
ID ▾	Personal-Nr ▾	Nachname ▾	Vorname ▾	Abteilung ▾	Tel intern ▾	verheiratet ▾	E-Mail intern ▾	Geburtstag ▾	Firmeneintritt ▾
1	500122	Althoff	Wilhelm	Produktion	149	☑	althoff@moevement.com	08.06.1968	01. Jun. 90
2	600000	Maier	Michael	Vertrieb	234	☑	maier@moevement.com	12.08.1978	01. Mai. 99

Abb. 6.70 Tabelle Mitarbeiterdaten

Sie möchten...	
eine Tabelle öffnen	Tabellennamen im Navigationsbereich doppelt anklicken
einen Feldinhalt löschen	In das Feld klicken, F2, Entf
die Spaltenbreite bzw. Zeilenhöhe ändern	Rechte Begrenzungslinie im Spaltenkopf bzw. untere Zeilenbegrenzungslinie in der Indikatorenspalte mit der Maus in die gewünschte Richtung ziehen
Spalten verschieben	klick auf Spaltenkopf, Spaltenkopf durch Ziehen mit der Maus verschieben
Spalten fixieren	Register START, Gruppe DATENSÄTZE, Schaltfläche WEITERE, Eintrag FELDER EINFRIEREN
Spalten ausblenden	Register START, Gruppe DATENSÄTZE, Schaltfläche Weitere, Eintrag FELDER AUSBLENDEN
die Ergebniszeile ein-/ausblenden	Register START, Gruppe DATENSÄTZE, Schaltfläche SUMMEN
eine Spalte in der Ergebniszeile auswerten	In der Ergebniszeile Zelle der auszuwertenden Spalte anklicken, Funktion im Listenfeld wählen
Unterdatenblatt manuell festlegen	Register START, Gruppe DATENSÄTZE, Schaltfläche WEITERE OPTIONEN, Menüpunkt UNTERDATENBLATT, UNTERDATENBLATT

Abb. 6.71 Schnellübersicht zur Übung 6.7

Übung 6.7: Mit Tabellen arbeiten (Zeit: 10 min.)

1) Öffnen Sie die Datenbank Uebung 6.7.
2) Öffnen Sie die Tabelle Kundenverwaltung.
3) Stellen Sie für sämtliche Spalten die optimale Spaltenbreite ein.
4) Fixieren Sie die Spalte Nachname.
5) Blenden Sie die Spalte KundeID aus.
6) Verschieben Sie die Spalte VIP rechts neben die Spalte Rechnungsanschrift.
7) Fügen Sie einen beliebigen neuen Datensatz ein. Kopieren Sie hierzu aus bestehenden Datensätzen einzelne Feldinhalte.
8) Löschen Sie den neuen Datensatz wieder.
9) Schließen Sie die Tabelle, ohne die geänderte Datenblattansicht zu speichern.
10) Öffnen Sie die Tabelle Gehalt und blenden Sie die Ergebniszeile ein.
11) Ermitteln Sie in der Spalte Gehalt zunächst die Summe der Gehälter und anschließend den Durchschnittswert der Gehälter.
12) Schließen Sie die Tabelle, ohne die geänderte Datenblattansicht zu speichern.
13) Öffnen Sie die Tabelle Vertrieb und weisen Sie ihr die Tabelle Mitarbeiter als Unterdatenblatt zu.
14) Schließen Sie die Tabelle Vertrieb und speichern Sie die geänderte Datenblattansicht.

In der Abb. 6.72 wird eine Schnellübersicht zur Übung 6.8 dargestellt.

Übung 6.8: Verknüpfungen und Beziehungen definieren (Zeit: 10 min.)

1) Öffnen Sie das Beziehungsfenster der Datenbank Uebung 6.8.
2) Fügen Sie alle Tabellen in das Beziehungsfenster ein und ordnen Sie die Tabellen im Beziehungsfenster an, wie es in der Abb. 6.73 dargestellt wird.
3) Erstellen Sie die entsprechenden Beziehungen und definieren Sie die Beziehungseigenschaften.

Sie möchten…	
Das Beziehungsfenster öffnen	Register DATENBANKTOOLS, Gruppe BEZIEHUNGEN, Schaltfläche BEZIEHUNGEN
Das Dialogfenster TABELLE ANZEIGEN einblenden	Register ENTWURF, Gruppe BEZIEHUNGEN, Schaltfläche TABELLE ANZEIGEN
Alle Beziehungen einer Tabelle im Beziehungsfenster anzeigen	Register ENTWURF, Gruppe BEZIEHUNGEN, Schaltfläche Alle BEZIEHUNGEN
Die Beziehungen einer Tabelle im Beziehungsfenster anzeigen	Register ENTWURF, Gruppe BEZIEHUNGEN, Schaltfläche DIREKTE BEZIEHUNGEN
Eine Beziehung definieren	Im Beziehungsfenster Feldnamen von der Mastertabelle auf die Detailtabelle ziehen
Referentielle Integrität definieren	Beziehungslinie doppelt anklicken, Dialogfenster BEZIEHUNGEN BEARBEITEN
Eine Beziehungsdefinition bearbeiten	Doppelklick auf Beziehungslinie

Abb. 6.72 Schnellübersicht zur Übung 6.8

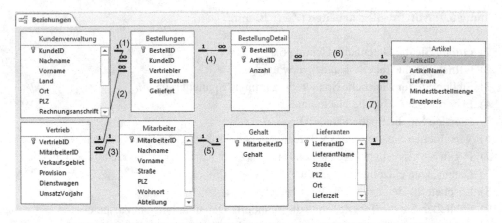

Beziehung	Referentielle Integrität	Aktualisierung von Datensätzen	Löschen von Datensätzen
(1)	Ja	Ja	Nein
(2)	Ja	Nein	Nein
(3)	Ja	Ja	Ja
(4)	Ja	Ja	Nein
(5)	Ja	Ja	Ja
(6)	Ja	Ja	Nein
(7)	Ja	Ja	Nein

Abb. 6.73 Beziehungen definieren

Sie möchten…	
Ein Formular mit dem Assistenten erstellen	Register ERSTELLEN, Gruppe FORMULARE, Schaltfläche FORMU-LARASSISTENT
Ein Formular automatisch im ein-spaltigen Layout erstellen	Register ERSTELLEN, Gruppe FORMULARE, Schaltfläche FORMU-LAR
Ein Formular automatisch in Formu-lar- und Datenblattansicht erstellen	Register ERSTELLEN, Gruppe FORMULARE, Schaltfläche GETEIL-TES FORMULAR
Ein Formular manuell erstellen	Register ERSTELLEN, Gruppe FORMULARE, Schaltfläche LEERES FORMULAR
Navigationsformulare erstellen	Register ERSTELLEN, Gruppe FORMULARE, Schaltfläche NAVIGA-TION, Eintrag wählen
Einem Formular ein Design zuweisen	Formularlayouttools, Register ENTWURF, Gruppe DESIGNS, Schalt-fläche DESIGNS, Design auswählen
Einem Formular einen Titel hinzufü-gen	Formularlayouttools, Register ENTWURF, Gruppe KOPFZEILE/FUSS-ZEILE, Schaltfläche TITEL
Steuerelemente löschen	ENTF-Taste oder Kontextmenüpunkt LÖSCHEN

Abb. 6.74 Schnellübersicht zu den Übungen 6.9 bis 6.12

4) Geben Sie in die Tabellen Mitarbeiter, Kundenverwaltung, Lieferanten und Vertrieb je einen Beispieldatensatz ein. Befüllen Sie anschließend die übrigen Tabellen und testen Sie die referenzielle Integrität, indem Sie zum Beispiel den Datensatz der Tabelle Kundenverwaltung oder Mitarbeiter wieder löschen.

In der Abb. 6.74 wird eine Schnellübersicht zu den Übungen 6.9 bis 6.12 dargestellt:

Übung 6.9: Ein Formular anpassen (Zeit: 10 min.)

1) Öffnen Sie die Datenbank Uebung 6.9 und erstellen Sie das in der Abb. 6.75 dargestellte Bild.
2) Öffnen Sie über das Kontextmenü das Formular Kontaktdetails in der Layoutansicht.
3) Löschen Sie sowohl das Bezeichnungsfeld als auch das Steuerelement des Feldes
Faxnummer, da es nicht mehr benötigt wird. Hinweis: Da das Feld Faxnummer aus der
zugrunde liegenden Tabelle gelöscht wurde, zeigt das Formular den Fehlerhinweis
#Name? für das Feld an.
4) Passen Sie das Steuerelement Anschrift in der Höhe so an, dass es die gleiche Höhe
wie die übrigen Steuerelemente besitzt.
5) Verkleinern Sie das Symbol für das Feld Anlage und passen Sie die Position der Felder
E-Mail und Webseite entsprechend der Abbildung an.
6) Speichern Sie die Layoutänderungen und prüfen Sie das Formular in der Formularansicht.
7) Schließen Sie das Formular und die Datenbank.

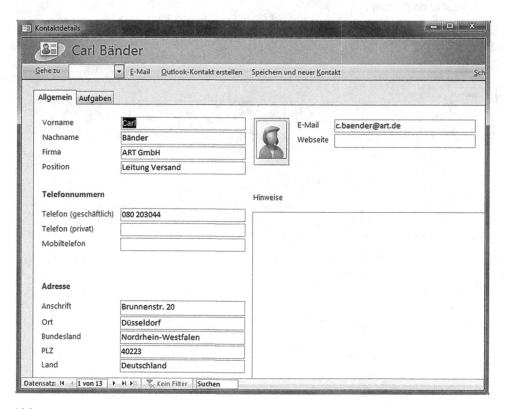

Abb. 6.75 Ein Formular anpassen

Übung 6.10: Ein Formular erstellen (Zeit: 15 min.)

1) Öffnen Sie die Datenbank Uebung 6.10. Zur Tabelle Kontakte soll ein Formular, wie in Abb. 6.76 dargestellt, erstellt werden, das alle Felder der Tabelle enthält.

2) Markieren Sie dazu im Navigationsbereich die Tabelle Kontakte und starten Sie den Formularassistenten.

3) Fügen Sie im ersten Schritt alle Felder der Tabelle ein und wählen Sie im zweiten Schritt das Layout EINSPALTIG aus.

4) Lassen Sie das Formular unter dem Namen Kontakte erstellen.

5) Anschließend möchten Sie das Formular noch bearbeiten, um es einheitlicher zu gestalten, so dass das Ergebnis so wie in Abb. 6.77 dargestellt, aussieht. Wechseln Sie hierzu in die Layoutansicht.

6) Wählen Sie für das Formular ein beliebiges anderes Design. Das Design soll nur auf dieses Formular angewandt werden.

7) Passen Sie das Steuerelement Anschrift in der Größe so an, dass es die gleiche Größe wie die übrigen Steuerelemente besitzt, und verschieben Sie dann die Steuerelemente darunter nach oben.

8) Vergrößern Sie die Breite des Steuerelements Webseite, damit auch längere Einträge komplett sichtbar sind.

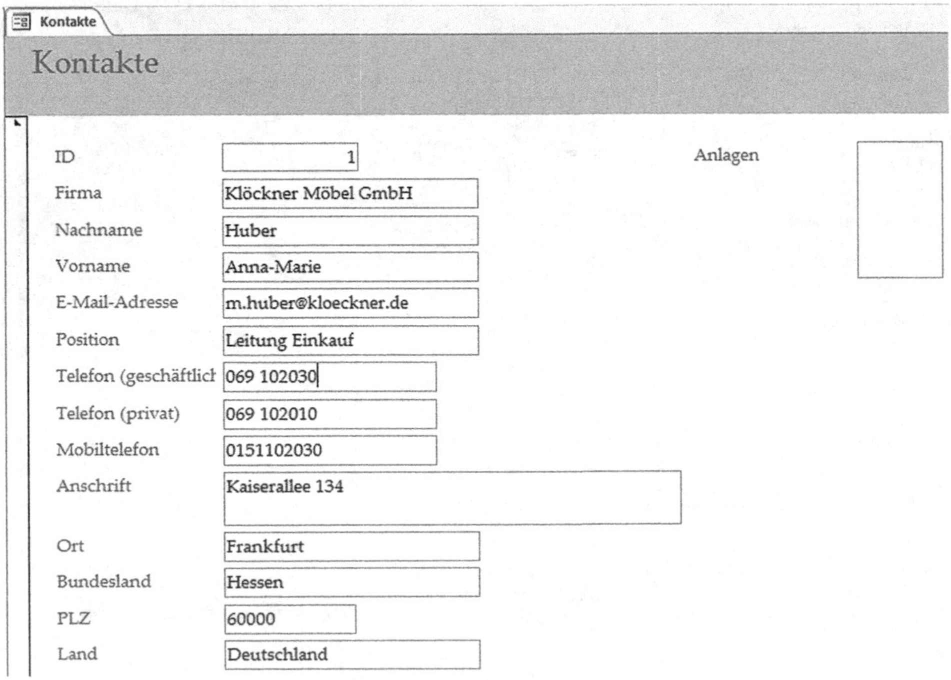

Abb. 6.76 Ein Formular erstellen

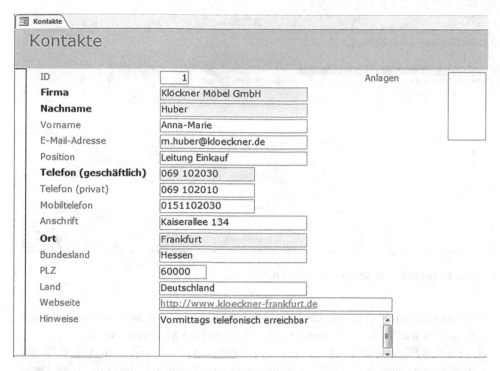

Abb. 6.77 Ergebnis des Formulars

9) Verkleinern Sie die Breite der Steuerelemente ID, Telefon (geschäftlich), Telefon (privat), Mobiltelefon und PLZ.

10) Formatieren Sie die Bezeichnungsfelder Firma, Nachname, Telefon (geschäftlich) sowie Ort in fetter Schrift und färben Sie die dazugehörenden Steuerelemente mit einer beliebigen Hintergrundfarbe ein.

11) Verschieben Sie dann alle Steuerelemente so, dass die dazugehörenden Bezeichnungsfelder vollständig lesbar sind. Vergrößern Sie die Bezeichnungsfelder entsprechend.

12) Speichern Sie die Layoutänderungen und schließen Sie das Formular und die Datenbank.

Übung 6.11: Formular mit dem Assistenten erstellen und ändern (Zeit: 10 min.)

1) Öffnen Sie die Datenbank Uebung 6.11.

2) Markieren Sie die Tabelle Kundenverwaltung und erstellen Sie mit dem Assistenten folgendes Formular:
   - Felder: Alle
   - Layout: Einspaltig
   - Formularname: Kundenverwaltung

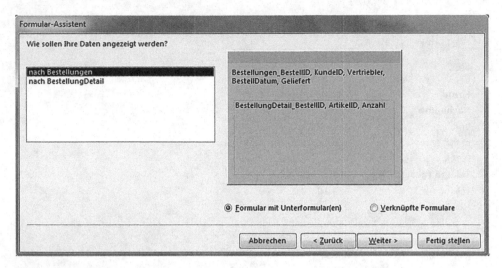

Abb. 6.78 Formular mit dem Assistenten erstellen

3) Öffnen Sie das Formular in der Layoutansicht. Sortieren Sie die Vornamen in alphabetischer Reihenfolge aufsteigend und löschen Sie die Sortierung wieder.
4) Erstellen Sie anschließend mit dem Assistenten ein Formular wie in Abb. 6.78, das sowohl die Daten der Tabelle Bestellungen als auch in einem Unterformular die Daten der Tabelle BestellungDetail enthält.
5) Für die Artikel erstellen Sie ein geteiltes Formular, sodass neben der ansprechenden Darstellung der einzelnen Artikel auch eine Übersicht über alle Artikel ermöglicht wird.
6) Für die Tabellen Lieferanten und Vertrieb erstellen Sie ebenfalls Formulare. Wählen Sie dafür unterschiedliche Vorgehensweisen.
7) Schließen Sie alle Formulare und speichern Sie diese unter dem vom Programm vorgeschlagenen Namen.

Übung 6.12: Navigationsformular erstellen und bearbeiten (Zeit: 10 min.)

1) Öffnen Sie die Datenbank Uebung 6.12.
2) Erstellen Sie ein Navigationsformular mit horizontaler Navigationsleiste, wie es in Abb. 6.79 dargestellt wird.
3) Fügen Sie außer dem Formular BestellungenDetailUnterformular alle übrigen Formulare in das Navigationsformular ein.

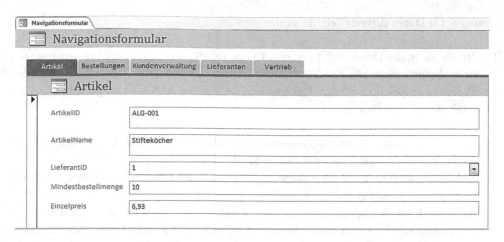

Abb. 6.79 Navigationsformular

Sie möchten...	
einen AutoFilter aufrufen	Register START, Gruppe SORTIEREN UND FILTERN, Schaltfläche FILTERN
einen Filter aktivieren bzw. deaktivieren	Register START, Gruppe SORTIEREN UND FILTERN, Schaltfläche FILTER EIN/AUS
den Filter eines Feldes löschen	Register START, Gruppe SORTIEREN UND FILTERN, Schaltfläche FILTERN, Eintrag FILTER LÖSCHEN AUS FELDNAME
Alle im Datenbankobjekt vorhandenen Filter löschen	Register START, Gruppe SORTIEREN UND FILTERN, Schaltfläche ERWEITERT, Eintrag alle Filter LÖSCHEN AUS FELDNAME
Die Werteliste zum Filtern nutzen	Register START, Gruppe SORTIEREN UND FILTERN, Schaltfläche FILTERN, Kontrollfelder der Filterkriterien aus- bzw. einschalten
Einen auswahlbasierten Filter erstellen	Register START, Gruppe SORTIEREN UND FILTERN, Schaltfläche AUSWAHL
Einen formularbasierten Filter erstellen	Register START, Gruppe SORTIEREN UND FILTERN, Schaltfläche ERWEITERT, Eintrag FORMULARBASIERTER FILTER
Einen Spezialfilter erstellen	Register START, Gruppe SORTIEREN UND FILTERN, Schaltfläche ERWEITERT, Eintrag SPEZIALFILTER/-SORTIERUNG

Abb. 6.80 Schnellübersicht zur Übung 6.13

4) Speichern Sie das Navigationsformular unter dem Namen Navigationsformular.
5) Stellen Sie die Datenbank so ein, dass das Navigationsformular beim Öffnen der Datenbank angezeigt wird.

In der Abb. 6.80 wird eine Schnellübersicht zur Übung 6.13 dargestellt.

Übung 6.13: Daten filtern (Zeit: 15 min.)

1) Öffnen Sie in der Datenbank Uebung 6.13 die Tabelle Kundenverwaltung und zeigen Sie in dieser Tabelle alle Kunden an, die zwischen dem 1.1.2004 und dem 31.12.2005 als Kunde gespeichert wurden. Das Ergebnis wird in der Abb. 6.81 dargestellt.
2) Schalten Sie den Filter aus.
3) Löschen Sie den Filter.
4) Zeigen Sie mithilfe des auswahlbasierten Filters alle Kunden an, die keine Rechnungs- anschrift in Deutschland haben. Löschen Sie den Filter.
5) Suchen Sie mithilfe eines formularbasierten Filters alle Kunden aus Österreich oder der Schweiz. Speichern Sie den Filter als Abfrage.
6) Verwenden Sie den Spezialfilter, um alle Kunden aus Österreich oder der Schweiz aufsteigend sortiert nach Land zu suchen. Speichern Sie den Filter ebenfalls als Abfrage.

In der Abb. 6.82 wird eine Schnellübersicht zur Übung 6.14 dargestellt:

KundeID	Nachname	Vorname	Land	Ort	PLZ	Rechnungsanschrift	Telefonnumm	Faxnummer	KundeSeit
57	Pfleiderer	Max	D	Ulm	89123	Schwabenplatz 15	07305 34688	07305 34689	25.05.2004
58	Priebe	Helene	D	Berlin	10123	Marthastraße 34	030 43554676	030 43554677	23.01.2004
59	Radke	Marcia	D	Hoyerswerda	02977	Holzweg 42	03571 4575	03571 4576	02.05.2004
60	Rapf	Frantisek	A	Wien	1210	Beethovengässchen 65	0043 134 782378	0043 1 34 78 23 79	10.01.2004
61	Schalker	Karl	D	Recklinghausen	45665	Immelmannstraße 1	0236 1326598	0236 1326599	17.01.2004
62	Schulze	Simon	D	Bremen	28121	Kormoranstraße 34	0421 325362	0421 325363	11.08.2004
63	Sedladschek	Josefa	A	Linz	4020	Schubertplatz 9	0043 732 3453	0043 732 3454	14.01.2004
64	Singh	Narendra	D	Mainz	55116	Augustinergasse 23	06131 345663	06131 345664	20.08.2005
65	Spatz	Franz X.	D	Regensburg	93123	Domplatz 11	0941 234455	0941 234555	30.05.2005
66	Stich	Michaela	D	Köln	51069	Hartplatz 44	0221 6125487	0221 6125488	15.01.2005
67	Tender	Charles	D	Berlin	10131	Masha-Bruskina-Straße	030 4253	030 4254	22.01.2005

Abb. 6.81 Daten filtern

Sie möchten...	
Eine Auswahlabfrage mit dem Assistenten erstellen	Register ERSTELLEN, Gruppe ABFRAGEN, Schaltfläche ABFRAGE-ASSISTENT, Eintrag AUSWAHLABFRAGEASSISTENT
Eine Auswahlabfrage in der Entwurfsansicht erstellen	Register ERSTELLEN, Gruppe ABFRAGEN, Schaltfläche ABFRAGEENTWURF
Ein Feld in die Abfrage aufnehmen	Feldnamen aus der Feldliste in den Entwurfsbereich ziehen oder im Entwurfsbereich in die Zeile FELD klicken und Eintrag wählen
Ein Feld ausblenden	Kontrollfeld in der Zeile ANZEIGEN des gewünschten Feldes ausschalten
Eine Abfrage ausführen	Register ENTWURF, Gruppe ERGEBNISSE, Schaltfläche AUSFÜHREN
Eine Abfrage speichern	Symbolleiste für Schnellzugriff, Schaltfläche SPEICHERN
Ein Abfragekriterium definieren	In die Zeile KRITERIEN klicken, gewünschtes Kriterium eingeben
Ein berechnetes Feld erzeugen	Feldname und Formel in die Zeile FELD der Entwurfsansicht eingeben, Bsp. Umsatz: [Einzelpreis] * [Menge]

Abb. 6.82 Schnellübersicht zur Übung 6.14

Übung 6.14: Daten filtern (Zeit: 15 min.)

1) Öffnen Sie in der Datenbank Uebung 6.14 die Tabelle Kunden. Suchen Sie mithilfe eines Spezialfilters alle Kunden aus Wiesbaden und Worms, die eine KundenID kleiner als 10 oder größer gleich 15 haben. Speichern Sie den Spezialfilter als Abfrage mit dem Namen Abfrage_Worms_Wiesbaden. Sortieren Sie die Kunden nach den Nachnamen aufsteigend.

2) Öffnen Sie noch mal die Tabelle Kunden. Suchen Sie mithilfe eines formularbasierten Filters alle Kunden aus Mainz, Wiesbaden und Worms mit einer KundenID kleiner 10 und größer gleich 16 und speichern Sie den Filter als Abfrage_Mainz_Wiesbaden_Worms. Das Feld Ort soll dabei absteigend sortiert sein.

Übung 6.15: Abfragen erstellen (Zeit: 30 min.)

1) Öffnen Sie die Uebung 6.15 und erstellen Sie für die Tabelle Mitarbeiter mit dem Assistenten eine Auswahlabfrage, in der nur die Felder Nachname, Vorname und Abteilung enthalten sind. Speichern Sie die Abfrage unter dem Namen MitarbeiterAbteilung.

2) Erzeugen Sie eine Abfrage ArtikelBruttopreis über die Tabelle Artikel, in der alle Artikel mit Namen, Einzelpreis und Bruttopreis (Einzelpreis inkl. Mehrwertsteuer) angezeigt werden. Fügen Sie dafür der Abfrage ein berechnetes Feld Bruttopreis hinzu, das aus dem Einzelpreis und der Mehrwertsteuer (19 %) den Bruttopreis ermittelt. Weisen Sie den Preisfeldern das Währungsformat zu.

3) Erstellen Sie eine Abfrage BestellungKunde8 über die Tabelle Bestellungen mit den Datensätzen des Kunden mit der Kundennummer 8. Zeigen Sie nur die Felder BestellID, Bestelldatum, Geliefert und KundeID an und sortieren Sie aufsteigend nach Bestelldatum.

4) Erzeugen Sie aus den Tabellen Mitarbeiter und Gehalt eine Abfrage MitarbeiterNettolohn, in welcher der Nettolohn berechnet werden soll. Die Abfrage soll wie in der Abb. 6.83 strukturiert sein.

Nachname	Bruttolohn	Rentenversicherung	Krankenversicherung	Arbeitslosenversicherung	Steuern	Nettolohn
Bostert	6.000,00 €	600,00 €	360,00 €	240,00 €	1.200,00 €	3.600,00 €
Scherhorn	3.000,00 €	300,00 €	180,00 €	120,00 €	600,00 €	1.800,00 €
Schneider	3.000,00 €	300,00 €	180,00 €	120,00 €	600,00 €	1.800,00 €
Dannemann	2.500,00 €	250,00 €	150,00 €	100,00 €	500,00 €	1.500,00 €
Andel	2.500,00 €	250,00 €	150,00 €	100,00 €	500,00 €	1.500,00 €
Berger	2.500,00 €	250,00 €	150,00 €	100,00 €	500,00 €	1.500,00 €
Hellmeister	2.600,00 €	260,00 €	156,00 €	104,00 €	520,00 €	1.560,00 €
Braun	2.600,00 €	260,00 €	156,00 €	104,00 €	520,00 €	1.560,00 €
Kaufmann	2.600,00 €	260,00 €	156,00 €	104,00 €	520,00 €	1.560,00 €
Hoffmann	2.800,00 €	280,00 €	168,00 €	112,00 €	560,00 €	1.680,00 €
Klinker	2.800,00 €	280,00 €	168,00 €	112,00 €	560,00 €	1.680,00 €

Abb. 6.83 Abfragen erstellen

Sie möchten…	
Den Ausdrucks-Generator starten	Abfrage-Entwurfsansicht aktivieren, Register ENTWURF, Gruppe AB-FRAGESETUP, Schaltfläche GENERATOR
Mit Aggregatfunktionen arbeiten	Erstellen Sie eine neue Abfrage in der Entwurfsicht. Klicken Sie im Register ENTWURF in der Gruppe EINBLENDEN/AUSBLENDEN auf die Schaltfläche SUMMEN, um die Funktionszeile einzublenden. Wählen Sie im Listenfeld des Feldes FUNKTION die benötigte Aggregatfunktion aus.
Berechnungen von Bedingungen abhängig machen	Wenn()
Spalten zusammenfassen, wie z.B. die Spalten Rechnungsan-schrift, PLZ und Ort zu An-schrift.	Anschrift: [Rechnungsanschrift] & ", " & [PLZ] & " " & Ort

Abb. 6.84   Schnellübersicht zur Übung 6.16

Felder der Abfrage:

Nachname	Nachname
Bruttolohn	Gehalt
Rentenversicherung	10 % vom Gehalt
Krankenversicherung	6 % vom Gehalt
Arbeitslosenversicherung	4 % vom Gehalt
Steuern	20 % vom Gehalt
Nettolohn	Gehalt – Rentenversicherung – Krankenversicherung – Arbeitslosenversicherung – Steuern

Formatieren Sie alle Spalten außer der Spalte Nachname im Währungsformat.

In der Abb. 6.84 wird eine Schnellübersicht zur Übung 6.16 dargestellt:

Übung 6.16: Abfragen erstellen (Zeit: 20 min.)

1) Öffnen Sie die Tabelle Lieferer in der Datenbank Uebung 6.16. Erstellen Sie eine Abfrage mit den Spalten Lieferernr, Vorname, Nachname, PLZ, weiblich und Umsatz. Formulieren Sie eine Abfrage, bei der der Nachname mit W beginnt, deren Umsatz kleiner als 5000 ist und deren PLZ kleiner 10000 oder größer 80000 ist. Speichern Sie die Abfrage unter Abfrage_W_Umsatz_PLZ.
2) Öffnen Sie die Tabelle Lieferer. Richten Sie eine neue Abfrage mit dem Namen Abfrage_Nettoverkaufserlös und den Feldern Vorname, Nachname und Umsatz ein. Die Abfrage soll wie in der Abb. 6.85 strukturiert sein und es sollen nur die folgenden Spalten angezeigt werden.

Felder der Abfrage:

Name:	Nachname, Vorname
Listenverkaufspreis:	Umsatz
Kundenrabatt:	10 % vom Listenverkaufspreis
Zielverkaufspreis:	Listenverkaufspreis – Kundenrabatt
Kundenskonto:	2 % vom Zielverkaufspreis
Nettoverkaufserlös:	Zielverkaufspreis – Kundenskonto

Formatieren Sie alle Spalten außer Name im Währungsformat.

Abfrage_Nettoverkaufserlös					
Name	Listenverkaufspreis	Kundenrabatt	Zielverkaufspreis	Kundenskonto	Nettoverkaufserlös
Rilcke, Rainer	83.000,00 €	8.300,00 €	74.700,00 €	1.494,00 €	73.206,00 €
Reuter, Klaus	691.356,00 €	69.135,60 €	622.220,40 €	12.444,41 €	609.775,99 €
Wüstemann, Feith	600.000,00 €	60.000,00 €	540.000,00 €	10.800,00 €	529.200,00 €
Dörmann, Susanne	3.998,00 €	399,80 €	3.598,20 €	71,96 €	3.526,24 €
Dreyersdorff, Frank	2.680,00 €	268,00 €	2.412,00 €	48,24 €	2.363,76 €
Wellner, Jürgen	24.600,00 €	2.460,00 €	22.140,00 €	442,80 €	21.697,20 €
Wienicke, Melanie	1.200,00 €	120,00 €	1.080,00 €	21,60 €	1.058,40 €
Wernecke, Jutta	3.000,00 €	300,00 €	2.700,00 €	54,00 €	2.646,00 €
Heintz, Anita	4.000,00 €	400,00 €	3.600,00 €	72,00 €	3.528,00 €
Weber, Klaus	900,00 €	90,00 €	810,00 €	16,20 €	793,80 €

Abb. 6.85 Abfrage_Nettoverkaufserlös

Übung 6.17: Weiterführende Abfragen mit Funktionen (Zeit: 15 min.)
Wenn in einer Access-Abfrage bei der Berechnung einer Spalte mehrere Bedingungen eingegeben werden sollen, so kann diese Problemstellung mit einer verschachtelten Wenn-Funktion gelöst werden.

Im ersten Schritt soll durch eine Abfrage über die Tabelle Kunde (tlKunde) der Datenbank Uebung 6.17 ermittelt werden, welche Kunden für die im Vorjahr getätigten Umsätze welches Präsent erhalten. Es soll die in Abb. 6.86 dargestellte Staffel gelten.

Im zweiten Schritt soll eine weitere Abfrage erstellt werden, die anzeigt, welche Präsente in welcher Anzahl besorgt werden müssen. In der Tabelle tblKunde der Abb. 6.87 befinden sich die Umsätze der Kunden.

Abb. 6.86 Umsätze mit Präsent

Umsatz	Präsent
bis 10.000 €	Kugelschreiber
bis 50.000 €	Flache Wein
über 50000 €	Flasche Champagner

Abb. 6.87 Tabelle tblKunde

tblKunde		
ID	Kundenname	Umsatz
1	Kunde 1	12.400,00 €
2	Kunde 2	7.800,00 €
3	Kunde 3	64.200,00 €
4	Kunde 4	28.640,00 €
5	Kunde 5	13.840,00 €
6	Kunde 6	23.850,00 €
7	Kunde 7	6.400,00 €
8	Kunde 8	54.200,00 €
9	Kunde 9	6.400,00 €
10	Kunde 10	7.300,00 €
11	Kunde 11	6.800,00 €
12	Kunde 12	4.300,00 €

Um die Geschenke für die einzelnen Kunden zu ermitteln, gehen Sie bitte folgenderma-
ßen vor:

1) Klicken Sie in Access im Menüband auf der Registerkarte ERSTELLEN in der Gruppe
   ABFRAGEN auf die Schaltfläche ABFRAGEENTWURF. Das Dialogbild TABELLE
   ANZEIGEN erscheint.
2) Klicken Sie doppelt auf die Tabelle mit den Kundenumsätzen. In unserem Beispiel ist
   es die Tabelle tblKunde. Schließen Sie anschließend das Dialogfeld.
3) Klicken Sie doppelt auf die Feldnamen aus der Tabelle tblKunde, die Sie in der Abfrage
   sehen möchten, also die Felder Kundenname und Umsatz.
4) Klicken Sie in der dritten Spalte in die erste Zelle rechts neben dem Eintrag Umsatz.
5) Verwenden Sie die folgende Formel für die Ermittlung des Kundengeschenks:
   Geschenk: Wenn([Umsatz]<10000;„Kugelschreiber";Wenn([Umsatz]<50000;„Flasche Wein";„Flasche Champagner"))
   Die Bedingungen werden von links nach rechts ausgewertet. Es wird der Wert
   zurückgegeben, bei dem die erste Bedingung wahr ist. Achten Sie daher auf die richtige Reihenfolge der Bedingungen.
6) Klicken Sie in eine andere Zelle, damit Access prüfen kann, ob die Formel richtig eingegeben wurde.
7) Das Abfrageergebnis sieht in diesem Beispiel wie in der Abb. 6.88 dargestellt aus.
8) Speichern Sie die Abfrage unter dem Namen Kundengeschenke.

Die Anzahl der Präsente können Sie auf die folgende Weise ermitteln:

1) Klicken Sie in Access erneut im Menüband auf die Registerkarte ERSTELLEN und
   dann in der Gruppe ABFRAGEN auf die Schaltfläche ABFRAGEENTWURF. Das
   Dialogbild Tabelle anzeigen erscheint.

Abb. 6.88 Abfrage1 mit
Geschenken für die Kunden

Kundenname ▾	Umsatz ▾	Geschenk ▾
Kunde 1	12.400,00 €	Flasche Wein
Kunde 2	7.800,00 €	Kugelschreiber
Kunde 3	64.200,00 €	Flasche Champagner
Kunde 4	28.640,00 €	Flasche Wein
Kunde 5	13.840,00 €	Flasche Wein
Kunde 6	23.850,00 €	Flasche Wein
Kunde 7	6.400,00 €	Kugelschreiber
Kunde 8	54.200,00 €	Flasche Champagner
Kunde 9	6.400,00 €	Kugelschreiber
Kunde 10	7.300,00 €	Kugelschreiber
Kunde 11	6.800,00 €	Kugelschreiber
Kunde 12	4.300,00 €	Kugelschreiber

2) Klicken Sie auf die Registerkarte ABFRAGEN.

3) Klicken Sie doppelt auf die Abfrage Kundengeschenke und schließen Sie anschließend das Dialogbild.

4) Klicken Sie danach doppelt auf das Feld Geschenk.

5) Klicken Sie auf die Registerkarte ABFRAGETOOLS und dann in der Gruppe EINBLENDEN/AUSBLENDEN auf die Schaltfläche SUMMEN.

6) Klicken Sie in der zweiten Spalte in die erste Zelle rechts neben dem Eintrag Geschenk.

7) Erfassen Sie die folgende Formel für die Ermittlung des Kundengeschenks: Anzahl: Anzahl(*).

8) Ändern Sie in der 2. Spalte in der Zeile FUNKTION den Eintrag GRUPPIERUNG in AUSDRUCK ab.

9) Klicken Sie im Menüband auf die Registerkarte ABFRAGETOOLS und dann in der Gruppe ERGEBNISSE auf die Schaltfläche AUSFÜHREN. Das Abfrageergebnis wird in der Abb. 6.89 dargestellt.

10) Speichern Sie die Abfrage als Anzahl Geschenke. Das Abfrageentwurfsfenster wird in Abb. 6.90 dargestellt.

Abb. 6.89 Abfrage1 mit der Anzahl an Geschenken

Abb. 6.90 Entwurfsansicht der Abfrage1 mit der Anzahl an Geschenken

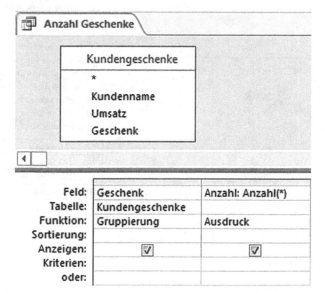

Übung 6.18: Weiterführende Abfragen mit Funktionen (Zeit: 15 min.)
In Nürtingen betreibt Martin Müller neben seiner Fahrradvermietung auch ein Handels-
unternehmen für Fahrräder. Das Unternehmen beliefert auch Unternehmen in den umlie-
genden Städten. Zur Lösung der folgenden Aufgaben öffnen Sie bitte die Datenbank
Uebung 6.18.

Zur Auswertung des Jahres soll jeder Kunde mit einem kleinen Geschenk belohnt werden. Erstellen Sie dazu eine Abfrage Geschenk im Abfrageentwurf mit den folgenden
Feldern: KundeID, KundenName, Umsatz, der sich aus der Summe der Produkte aus
Menge * Preis ergibt, Geschenk: Je nach Umsatz soll der Kunde ein in der Abb. 6.91 dar-
gestelltes Geschenk erhalten.

Sortieren Sie die Kunden nach KundenName aufsteigend. Der Umsatz soll in einer
Währung mit einer Nachkommastelle angegeben werden. Speichern Sie die Datenbank.

Abb. 6.91 Abfrage Geschenk

KundenID	KundenName	Umsatz	Geschenk
9	Autohaus Koblenz	318.130,0 €	Wein
20	BASIS und Partner	30.980,0 €	Wasser
15	Bücherei Klaus	81.950,0 €	Wasser
14	Celan AG	85.710,0 €	Wasser
4	Chemie-Fabrik ODN	133.800,0 €	Wasser
7	Computer Felz	60.070,0 €	Wasser
5	Fliesen-Mannich	822.430,0 €	Champagner
1	Fotolabor Farber	529.860,0 €	Champagner
16	Guterpack KG	439.130,0 €	Champagner
2	Kaufhaus Treukauf	549.060,0 €	Champagner
19	Kleinmann & Co.	118.990,0 €	Wasser
17	Kloster Hohenstein	134.520,0 €	Wasser
18	Kreditinstitut SRG	264.940,0 €	Wein
12	Main-Zeitung KG	208.020,0 €	Wein
21	Porzellan Kracht	178.020,0 €	Wein
11	Reisebüro Fahrinsland	139.850,0 €	Wasser
13	Saft-Industrie Dr. Noch	340.270,0 €	Wein
3	Schulze AG	393.290,0 €	Champagner
10	Stadtkrankenhaus Wiesbaden	132.840,0 €	Wasser
6	Tambura GmbH	160.290,0 €	Wein
8	Zahnlabor Flemming	87.920,0 €	Wasser

Umsatz	Präsent
bis 100.000,-	Wasser
bis 500.000,-	Wein
über 500.000,-	Champagner

Literatur

1. Swoboda B, Buhlert S (2013) Access 2013. Fortgeschrittene Techniken für Datenbankentwickler. Herdt, Bodenheim
2. Bossert T, Weikert A (2011) Access 2010 für Windows. Grundlagen für Datenbankentwickler. Herdt, Bodenheim
3. Vossen G (2008) Datenmodelle, Datenbanksprachen und Datenbankmanagementsysteme, 5. Aufl. Oldenbourg, München
4. Weikert A (2011) Access 2010 für Windows. Fortgeschrittene Techniken für Datenbankentwickler. Herdt, Bodenheim
5. Kudraß T (2015) Taschenbuch Datenbanken, 2. Aufl. Carl Hanser, München
6. Weikert A (2012) Access 2010 für Windows. Grundlagen für Anwender. Herdt, Bodenheim
7. Swoboda B, Buhlert S (2016) Access 2016. Grundlagen für Datenbankentwickler (auch unter Office 365). Herdt, Bodenheim

Stichwortverzeichnis

© Springer Fachmedien Wiesbaden GmbH, ein Teil von Springer Nature 2018
F. Herrmann, *Datenorganisation und Datenbanken*,
https://doi.org/10.1007/978-3-658-21331-2